国際儒学聯合會 International Confucian Association　叶嘉莹　主编　陈斐　执行主编

◆　域外诗谭　海外汉学家中国古代诗人研究译丛　◆

狂与傲
辛弃疾词中的自我表达

[美] 连心达　著

刘学　朱晓烨　译

华文出版社
SINO-CULTURE PRESS

图书在版编目（CIP）数据

狂与傲：辛弃疾词中的自我表达 /（美）连心达
(Xinda Lian) 著；刘学，朱晓烨译. -- 北京：华文出
版社，2024. 12. --（域外诗谭：海外汉学家中国古代
诗人研究译丛 / 叶嘉莹主编）. -- ISBN 978-7-5075
-6092-3

Ⅰ. K825.6；I207.23
中国国家版本馆CIP数据核字第202488ZA57号

Copyright © Xinda Lian, 1999
First published in English under the title *The Wild and Arrogant: Expression of Self in Xin Qiji's Song Lyrics* by Xinda Lian, 1st edition
Simplified Chinese edition copyright © Sino-Culture Press Co., Ltd., 2024
ALL RIGHTS RESERVED

著作权合同登记号：图字 01-2024-5727 号

狂与傲　辛弃疾词中的自我表达
KUANG YU AO XINQIJI CIZHONG DE ZIWO BIAODA

著　　者：［美］连心达
译　　者：刘　学　朱晓烨
责任编辑：刘萍萍
策划编辑：吴文娟
出版发行：华文出版社
地　　址：北京市西城区广安门外大街 305 号 8 区 2 号楼
电　　话：总编室 010-58336239　发行部 010-58336267
　　　　　责任编辑 010-58336225
邮政编码：100055
网　　址：http://www.hwcbs.cn
经　　销：新华书店
印　　刷：北京新华印刷有限公司
开　　本：880mm×1230mm　1/32
印　　张：7.125
字　　数：182 千字
版　　次：2024 年 12 月第 1 版
印　　次：2024 年 12 月第 1 次印刷
标准书号：ISBN 978-7-5075-6092-3
定　　价：66.00 元

版权所有，侵权必究

总　序

　　文化自信体现在一个国家、一个民族对自身所拥有的文化基因的充分肯定和积极推广，是对自身文化生命力和影响力的坚定信心。中华优秀传统文化是文化自信的重要来源。

　　任何一个文化大国的崛起，既要有对本民族传统文化的自觉自信，还要有博大的胸怀，去包容、理解、关注并善于学习其他民族的优秀文化，会通以求超胜。这是当今时代赋予我们的机会和使命。

　　中华传统诗歌，在域外古今通行的名称曰"汉诗"。域外研究和创作汉诗，始于汉诗东渐，迄今约已两千年之久。汉诗文化输出后，或多或少融入域外本土文化，在亚洲文化圈及诸多国家形成了独特的中国文化情结。这一特殊的文化现象，在世界文化交流史上有着重要的研究价值。钟情汉诗乃世界各国汉学家与汉诗诗人的共同爱好。这一爱好从历史上看，同中国与其他友好国家的文化情谊一样久远，可谓"异域知音代有人"。

　　我们编辑出版的这套"域外诗谭译丛"系列，是由国际儒联支持，叶嘉莹先生主编、陈斐执行主编，华文出版社组织高校古代文学与中外比较文学领域文化名家、学者共同编译的反映异域"知音"所思所想的读物。该系列精选10种来自日本、美国、英国、加拿大的著名汉学家撰写的中国古代诗人传记性研究论著，由海内外有影响力的知名译者进行翻译。本套译丛旨在传播海外著名汉学家的研究成果与思想精华，推动海内外诗词文化研究的交流互鉴。

中华民族很早就洞察到了"和实生物，同则不继"的道理，以开放、包容的心态积极借鉴、吸纳外来文明成果，这是中华文明绵延不绝、永葆生机的奥秘所在。仅就诗歌而言，隋唐之际，伴随着丝绸之路上的声声驼铃而来的西域诸民族音乐，在中原流行开来，促成了"燕乐"的繁荣，催生了"词"这一崭新的文体。五四新文化运动的宁馨儿"新诗"，更是在对外国诗白话译作的揣摩、效仿中成长起来的。今天，中小学课本选录了不少外国文学作品，域外诗人佳作已经像李白《静夜思》那样，深深融入并塑造了中国人的思想内核与情感结构：雪莱"冬天来了，春天还会远吗"的希冀，不知温暖了多少身处逆境的中华儿女；普希金"但愿上帝保佑你，另一个人也会像我爱你一样"的忧伤，不知引起了多少炎黄子孙的共鸣。

同样，中华文明的优秀成果，特别是诗歌名篇，很早就走出国门，为世界各国人民所欣赏。20世纪英美诗歌的重要流派——意象派，就深受中华诗词影响。唐代诗僧寒山，也被很多美国文艺青年奉为精神偶像。近代以来，为了满足本国读者了解中华伟大诗人的需求，海外汉学家撰写了不少传记性著作，本译丛所选即是其中的精品。虽然由于语言、文化及时空的隔阂,它们难免存在误读、疏漏、过滤或偏见,但基本呈现了诗人的生平经历、诗歌成就及人格魅力。而且,也正因为汉学家具有天然的"异域之眼"——文化背景、学术传统、批评语境、问题意识、社会期待等都与中国学者有异,所以他们更容易提出令我们耳目一新的观点,这不仅实现了中华伟大文学经典"意义的增殖",也推动了中华文化走向世界、融入世界的潮流。现在,我们把这些"陌生的熟人"择优翻译回来,一方面期望"他者镜像"能够促使我们更好地认识"自身面目",另一方面也期望为"自身"发展,特别是传统文化现代化、当代文艺研究与创作,提供有益的启示。

目前,人工智能技术使信息获取、交流变得空前便捷,但也有可能使人困于"茧房"而不自觉。算法究竟是升起一道道的"硅幕",还是架起一座座的桥梁,全看人类的选择。真实的"丛林",不只是弱肉强食,更有共生互助,否则无法存在。人工智能高速迭代的风险,警告人类比任何时代都要沟通包容、团结互助,但世界依旧冲突频发、干戈不息。

"山川异域,风月同天",诗和远方是人类超越时空、跨越国度的共同向往,希望这套展现了中华文明永恒魅力、凝聚了多国人民"知音"之谊的译丛,能够促进人类的交流与合作,为世界带来更多的和平与幸福!

献给我的父母

目 录

致　谢	001
绪　论	001
第一章　此何人哉：对"豪放"的追索	015
第二章　狂傲的自我形象	058
第三章　写尽胸中磈磊	109
第四章　温柔敦厚诗教传统下的桀骜不驯	158
参考文献	180
索引关键词	201
译后记	213

致　谢

如果没有得到许多人的帮助，本书的完成是无法想象的。

首先要感谢林顺夫（Shuen-fu Lin）教授。我在密歇根大学研究生院求学期间，他引导我在中国古典诗歌领域取得了许多令人兴奋的发现。感谢孟旦（Donald J. Munro）教授，他在先秦思想和新儒学的研究方面给了我极大的启发，梅贻慈（Yi-tsi Mei Feuerwerker）教授给我介绍了现代文学理论，拓宽了我的视野。还有陆大伟（David Rolston）教授帮助我更清楚地了解了宋代通俗文学的各个方面。白一平（William Baxter）教授在汉语音韵学方面的专业知识使我的研究受益匪浅，没有这些专业知识，我将无缘领会词的相当一部分魅力。我也非常感谢 Kenneth De Woskin 教授，他让我熟悉了中国文化和文学研究中的许多方法论问题。

Ross Chambers 与 Esperanza Ramirez-Christensen 两位教授仔细阅读了我论文的早期版本，本书就是从该版本演变而来。他们富有洞察力的点评对我之后的修改起到了极其重要的作用。Cathy Silber, Brook Ziporyn, Sarah Wang, Shuqin Cui, Scott Cook, 我的朋友和老同学们，耐心地阅读了前两章的草稿，并提供了有用的建议。

特别感谢方秀洁（Grace Fong）教授阅读了手稿的前半部分并提供了极有价值的点评。

非常感谢我在丹尼森大学的同事 Barry Keenan 教授，不仅要感谢他一丝不苟地阅读手稿并提出了许多有价值的建议，而且要感谢他不断的鼓励和不懈的支持。

丹尼森大学给我提供了许多帮助，包括一个学期的学术研究时间以及慷慨的研究资金，以促进我的研究和本书的出版。

还应该感谢明尼苏达大学出版社慷慨地允许我在本书第二章使用马瑞志（Richard B. Mather）教授所翻译的《世说新语》。

最后，我要感谢我的妻子李桂兰的爱和鼓励，让我得以坚持完成这个研究项目，感谢心爱的纵横、千之和万乘，他们总有办法制造出一些美妙而诱人的噪声，试图减轻父亲烦人的工作。

绪　论

众里寻他千百度。
蓦然回首，
那人却在，
灯火阑珊处。
　　　　——《青玉案》

辛弃疾（1140—1207）是存词最多的宋代词人[①]，也是公认的最伟大的词人之一，长期以来广受读者和评论家的喜爱，其声名在二十世纪更是达到巅峰。

《宋史》中辛弃疾的本传以及其他的正史和野史所展示的辛弃疾是一位忠君爱国的英勇将领且有才干的官员。经过许多传记作家的热心修饰，其形象几臻完美：1140年，辛弃疾出生于金朝统治下的中国北方，二十多岁时参加了抗金起义，并且成为义军首领。在南下归正于宋朝之后，他始终不忘收复北方领土的重大使命。然而，他激进的抗金主张并未得到南宋君主的采纳。南归后的头二十年，辛弃疾虽被委以江西、湖北、湖南等地转运使、安抚使之官职，但其坚定的抗金立场致其难以在官场立足。由于一再被当政的主和派诽谤和弹劾，他不得不在四十二岁时便退隐赋闲。此后，除了临近辞世时两次被短期起用（均因被政敌攻击而免职），他的余生几乎都在闲居中度过。②

辛弃疾人生中的英雄事迹似乎让不少评论家误以为对其作品的诠释可以是一项轻松的任务，辛词中的任何情绪，包括愤怒、悲伤、沮丧等，都可以用崇高的动机解释。于是，现代批评家不时地将辛弃疾与李白（701—762）、杜甫（712—770）这样的大诗人相提并论。不仅如此，由于拥有伟大的爱国主义词人这一标签，他甚至还拥有李、杜都不曾享有的特权，那便是几乎可以免于负面批评。

对诗人而言，如此的神化其实弊大于利。由于辛弃疾的词基本被解读为爱国情感的表达，词中抒情主人公复杂而迷人的个性总是被简单地当作高尚情感的抒发。正是由于抒情主人公被高高地供奉，甚至被剥夺了自己独特的身份特性，他便成为某一种类型而已。而对辛词的欣赏和批评也因此充满了最高等级的颂扬，却忽视了严谨的探究与分析工作。③

然而，辛弃疾高大的爱国主义形象并不能说明其作品的一切，于是"问题"出现了。例如，在一篇讨论辛弃疾的乡村词的文章中，作者提出了一个问题：为何辛弃疾不去描绘农民生活不堪的一面，告诉读者他们被剥削到了何等程度？④作者努力解答了自己提出的问题，但其实该问题的提出本身就是个问题。作者的疑惑背后似乎潜伏着这样的不安：辛弃疾是爱国者、人民的英雄，完美的英雄似乎是不应该对被剥削者如此冷酷无情的。也正是此种不安，令某些学者坚持认为，那些辛弃疾献给政治上的反面人物韩侂胄（1152—1207）的作品是伪作，应从辛弃疾的集子里剔除。⑤

如果一个理想的形象如此紧密地同实用的、政治的因素捆绑在一起，那么该形象也将随着环境的改变而发生改变。在"文化大革命"时期（1966—1976）的政治文化背景下，辛弃疾的形象起起伏伏。他先被说成是效忠于皇帝的封建官僚，以及残酷镇压平民起义的刽子手⑥；其后却又被尊为大法家，享有"文化大革命"期间一个古人可以获得的最高荣誉⑦。

进入后"文化大革命"时代，人们开始在这个领域进行拨乱反正的翻案。由于辛弃疾在"文化大革命"后期的境遇尚佳，尚无太多错误需要纠正⑧，辛词批评并没有出现像对其他词人的评价那样戏剧性的转变。然而，该领域依然颇为热闹。许多研究者继续沿着他们熟悉的老路线进行研究，与此同时，也有部分研究者试图开辟新的天地，或者尝试像辛弃疾传记研究者那样，柔化辛弃疾的英雄形象，令其看起来更像真实的人⑨；或者将目光转向辛弃疾作品那些尚未获得足够关注的方面。但有意思的是，尽管他们旨在从新的角度考察辛弃疾，然而一旦开始读起辛词，他们便发现，其解读很难脱离辛弃疾的爱国主义激情这一基础。⑩

辛弃疾批评中常见的循环论证显然是荒谬的。将辛弃疾光辉的人生事迹带入作品的阅读，使得相关批评仅仅从爱国主义的角度展开；而从词中挖掘出来的内容继续用于解释和美化他的人生，接下来其壮丽人生又反过来用于挖掘其作品中更多的爱国主义含义。经由此种方式，诗人的传记和作品的诠释均加倍远离真实。

将一位名为辛弃疾的历史人物描绘成伟大爱国者是一回事,而用他传奇性的爱国事迹来系统化编辑其词作,使其成为理想的逻辑连贯的文本,则是另一回事。那些试图修补叙事裂缝,以及开解辛弃疾诗歌文本中的矛盾含义的做法,只会令辛弃疾的词作沦为其传记的注脚或是其生平事迹的诗歌版本,从而降低价值。

多年前,在历史和词学领域都颇受尊敬的学者缪钺这样评价辛弃疾的作品:

> 余读稼轩词,恒感觉双重之印象,除表面所发抒之情思以外,其里面尚蕴含一种境界,与其表面之情思相异或相反,而生调剂映衬之作用,得相反相成之妙,使其作品更跻于浑融深美之境。[11]

根据上下文来判断,缪钺所说的"双重之印象"很可能指由辛弃疾的多种风格带来的微妙的诗意效果。尽管如此,他所说的同样也适用于辛弃疾词的主题内容。缪钺的洞见提醒我们,如果只选择一个刻板的标准作为解读辛弃疾作品的指南,只寻找那些我们假定为显而易见的"表面"的东西,那么我们对"其里面尚蕴含的一种境界"或将无视,或视而不见,此无异于选择性地存心排斥一个"浑融深美"的诗意世界。假如我们不放弃这种惯性的思考方式,则难以指望在该研究领域有所突破,而我们关于辛弃疾的任何言说都会无关紧要,或者更糟——毫无新意。

英语世界中最早对辛弃疾做全面考察的研究者罗郁正(Irving

Yucheng Lo）指出，尽管"爱国主义"一词包含了中国传统中的一些恒常价值，但它其实是"一个现代的复合性概念，直到近些年才作为一个批评标准而出现"[12]。因此，罗认为用"英雄主义"来称呼那些著名的"充满爱国热情"的诗词的特征，会更准确一些[13]。接下来，他又从一系列与"英雄主义"有关的词语，例如"英雄""豪杰""风流""豪侠"当中拈出它们所隐含的各种各样的价值和意义。这其中包括了那些往往被只想看到辛词中的崇高思想和高尚情操的批评家所忽略的一些重要的道德中立的价值[14]。罗提醒我们，即便是在辛弃疾最"爱国"、最"英雄"的词作中，除了纯粹的高尚情感，仍有其他东西值得我们关注。这相当于指出，辛词批评中以爱国主义为唯一标准的实践是有问题的。

正是这种敏锐的批评[15]让我们有理由相信，研究辛弃疾这样的人物必定有新的方式。在探寻作为诗人的辛弃疾的显著特质时，笔者在其作品中发现了许多能说明问题的表征：高声疾呼、炫耀、哀叹、消沉、埋怨、嫉恨，在这些表征之下，躁动着一个不能也不应该被一套暗示主观的价值判断的冠冕堂皇的话语所简单概括的心灵主体。当笔者仔细研究这些表征时，不仅看到了其试图表达的东西，还看到了其试图压抑的东西。这些表征以富有韧性的模式一再出现，动人心魄，一个躁动不安而又令人激动、予人愉悦的英雄的狂傲以不可抗拒的力量将读者深深吸引。

辛弃疾的作品是如此多面的一个整体，任何一项单一的研究都无法涵盖其所有。但笔者相信，辛弃疾那奇特而迷人的抒情自我，以及这一自我的强有力的表达，是其区别于其他诗人的最突出特征。对该问题的深入考察，将有助于对辛弃疾作品的整体性理解。

庄子的《秋水》篇有一个极有见地的关于认识论真理的段落。尽管庄子说的是关于言不尽意和人类视界的有限性问题，但它无疑也给我们提供了关于认识论本质的一个常识：

> 夫精粗者，期于有形者也。无形者，数之所不能分也；不可围者，数之所不能穷也。可以言论者，物之粗也；可以意致者，物之精也。言之所不能论，意之所不能察致者，不期精粗焉。[16]

物体的粗糙或精细，人们可以通过视觉和触觉去感知。但是，粗糙和精细仅为事物的众多品质类别之一二，而那些不可视或不可触的品质又如何能被感知呢？例如，我们能用尺去测量味道或者气味吗？有些人只愿意把辛弃疾视为一个时刻追求完美道德情操的诗人，其问题就在于仅有一个衡量标准，却宣称抓住了事物本质的全部。他们根本不明白辛弃疾作品的特征就包括那些最为私密的、强烈的，永远不会只屈服于公共道德标准的，而常常是与道德判断无关的情感。

其实，理解辛弃疾的作品需要做的并不太多，只要抛弃单一维度的标准，即那些来自作品文本之外的各种预设前提。如果能做到这一点，你会发现辛词中的抒情主人公并不是一个类型，而是一个充满激情和敏锐自我意识的个体，他渴望实现自身作为人的潜能，为自己独特的个人特质而欢欣鼓舞，并且在自我的表达中获得最大的享受。

因此，本书的第一章将讨论如何以合适的视角来取代那些与辛词不相干的批评标准，从而发现诗人在作品中真正表达的东西。笔者将尝试证明辛弃疾研究的核心问题在于，这是一个狂傲的或者说一个特立独行人物的奇特人格，在中国诗歌传统中强有力的罕见的表达。接下来在第二章和第三章，笔者将通过文本细读的方式来展示，这一不同寻常的迷人个性是如何出现在词人狂傲的自我形象之中，并通过词人特有的狂放不羁的声音传达出来的。最后，在结论章，笔者将辛弃疾置于深受儒家伦理价值观念影响的中国诗歌发展传统的大背景之下，考察其独特的贡献及存在的意义。

注　释

① 辛弃疾的作品包括629首词和121首诗，其词的代表性笺注本有邓广铭的《稼轩词编年笺注》（上海：上海古籍出版社1978年版），共辑录626首词作。该著作的底本主要有两种：（1）《稼轩词》四卷，汲古阁藏1188—1203年抄本，清初汲古阁汇编；（2）《稼轩长短句》十二卷，1299年广信书院刊本。现代刊本中，梁启超、梁启勋的《稼轩词疏证》（1931年刊本）和蔡义江、蔡国黄的《稼轩长短句编年》（香港：上海书局有限公司1979年版）值得留意。邓广铭《辛稼轩诗文钞存》（上海：古典文学出版社1957年版）辑录了辛弃疾的107首诗和一些文章。1980年孔凡礼发表的《辛稼轩诗词补辑》（《文史》1980年第9期，第241—244页），则从《诗渊》（北图抄本）以及其他文献辑佚，增补了3首词和15首诗。

② 关于辛弃疾的人生经历，有兴趣的读者可参看Irving Lo（罗郁正）所著的英文传记 *Hsin Ch'i-chi*, New York: Twayne Publishers, 1971, pp. 22—36.

③ 这种理解辛弃疾词作的方式如此根深蒂固，以至于人们很难想象它其实

是近七十年来才大行其道的。此前，在词人去世之后的七百多年里，对辛词的评价各有不同。在那些倡导以强劲节奏与散文化笔法为特征的阳刚风格的词人与批评家看来，辛弃疾无疑是与比他早一百年的苏轼（1037—1101）相似的天才，不仅拓宽了词的范围，而且给词体注入了新的生命力。然而，辛词过于雄壮的风格并不符南宋后期另一词派的趣味，他们的审美理想是通过细腻的情感和含蓄的表达形式来实现的雅。不过，除了张炎（1248—1320?）曾明确批评过辛词不够雅（夏承焘《词源注》，与蔡嵩云《乐府指迷笺释》合刊，北京：人民文学出版社1981年版，第32页），词评家普遍认同辛弃疾是杰出的词作大家。在他们多数人看来，辛弃疾是如此真实可感。十分有趣的是，他们崇拜的并非辛弃疾的完美，甚至可以说，他们崇拜的正是辛弃疾的不完美，即他的奇特个性以及他过于强烈的抒情表达——爱国主义甚至都不是话题之一。

二十世纪初，反传统的新文化运动给中国经典文学研究的批评概念和批评标准带来了巨大的变化。1926年，胡适（1891—1962）在其《词选》序中重新评价了词从萌芽到宋末的发展。一方面，他声称唯一真正有价值的词作类型（所谓"诗人的词"）始于王安石（1021—1086），经"绝顶的天才"如苏轼的发展，最终集大成于辛弃疾。另一方面，胡还把苏轼之前的艳情小曲归入"歌者的词"，而把辛弃疾之后的词贬为"词匠的词"（参见胡适《词选》，《胡适古典文学论集》，上海：上海古籍出版社1988年版，第552—556页）。

研究者已经准确地指出，胡适的理论可以追溯到宋代评论家胡寅（1098—1156），同时也受到王国维（1877—1927）的影响，后者对南宋辛弃疾之后词人"隔"的风格评价不高（参见施议对《吴世昌传略》，《晋阳学刊》1985年第5期，第54页；施议对《词体结构论简说》（1990年美国布雷肯里奇词学讨论会论文）。然而，我们有必要考虑到以下事实：胡适作为新文化运动领袖，他激进的词学观也是其新文学理论的一部分，这样才可能理解其观点的真正含义。早在1916—1917年，胡适便在其系列论文中宣称，由于"文胜质"的有害倾向（《吾国文学三大病》，《胡适古典文学论集》，第14页），旧文学已经衰朽，因此，文学革命的目标是追求"活文学",即摆脱那些过于精细的文学形式的束缚,因为其阻挠了作者情感与个性的自由表达(《寄陈独秀》,《胡适古典文学论集》,第15—18页;《文学改良刍议》,《胡适古典文学论集》,第19—35页)。而辛弃疾的创作符合胡适所倡导的从传统文学的形式主义中解放出来的"活文学"理想,恰可成为这种新文学的诗歌楷式。

胡适的判断对后来的辛弃疾批评产生了深刻的影响,此点显见于在胡适1926年的文章之后问世的一批重要的文学史著作(例如陆侃如、冯沅君《中国诗史》三卷本,香港:古文书局1961年版,第674—683页;刘大杰《中国文学发展史》,香港:古文书局1964年版,第261—296页;中国科学院文学研究所编《中国文学史》,北京:人民文学出版社1962年版,第653—663页)。之后,胡适所强调的两个阵营之间的差异——即真正天赋的、创造型诗人(苏轼、辛弃疾等)与乐工歌伎以及南宋后期词匠的差异——被胡云翼重新定义为:豪放悲壮的男性风格与凄婉绰约的女性风格之间的对立(胡云翼《中国词史大纲》,上海:北新书局1933年版,第140页),最终成为豪放派与婉约派之间的对立(胡云翼《宋词选》序,上海:中华书局1962年版,第1—25页)。得益于这一发展,辛弃疾的爱国诗人形象被完全建立起来,而他在词史上的重要地位也得到极大的加强。

自二十世纪八十年代起,学者们开始挑战二胡的理论,甚至指责其导致了词学研究的所有错误认识(例如,吴世昌《有关苏词的若干问题》,《文学遗产》1983年第2期,第43—45页;吴世昌《宋词中的"豪放派"与"婉约派"》,《文史知识》1983年第9期,第18—24页;施议对《词体结构论简说》;万云骏《论近人关于宋词研究的一些偏向》,尹达编《纪念顾颉刚学术论文集》,成都:巴蜀书社1990年版,第2册,第789页)。不可否认,二胡给他们不喜欢的一"派"词人贴上带有贬义的"婉约"标签的做法,给这些词人的研究带来了灾难性的影响,但是很显然,二胡那种基本上是以论争为目的,因而是偏颇的观点,不可能占据词学研究的主导地位长达数十年之久。

从二十世纪五十年代末到六十年代初,一系列的辛弃疾研究论著问世。其中有程千帆《辛词初论》(作于1957年,《词学研究论文集(1949—1979)》,上海：上海古籍出版社1982年版,第364—382页)、唐圭璋《辛弃疾》(上海：上海人民出版社1957年版)、龙榆生《试谈辛弃疾词》(作于1957年,《词学研究论文集》,第383—394页)、吴则虞《辛弃疾词论略》(作于1957年,《文学遗产增刊》第6期,北京：作家出版社1958年版,第192—203页)、夏承焘《辛词论纲》(作于1959年,《月轮山词论集》,北京：中华书局1979年版,第23—37页)、邓广铭《略论辛稼轩及其词》(《稼轩词编年笺注》,上海：中华书局1962年版,第1—24页)。得益于这些作者的专业学识(他们多数为词学研究的权威学者),他们对辛词风格的研究翔实客观,然而一旦谈及辛弃疾的"进步性",这些学者的论著中也充满了那个时代很难避免的带有特殊政治色彩的批评话语。除了"爱国主义"之外,有学者更在辛弃疾的词中发现了他的一个特殊品质——同人民性的契合(吴则虞《辛弃疾词论略》,第201页)。有的将辛弃疾归入"现实主义者",认为辛弃疾"在中国伟大的现实主义作家行列里,是最突出的"(唐圭璋《辛弃疾》,第82页)。辛弃疾也被描述为以词为"斗争武器"的诗人(夏承焘《辛词论纲》,第37页),他的榜样"教导了作家们如何从事生活实践,从而使自己的作品为先进的政治服务,如何打破传统的束缚,从而大胆地进行创造性的劳动"(程千帆《辛词初论》,第381页)。

通常,这些论著首先介绍辛弃疾作为爱国主义英雄的一生,接着用他的词作来说明其人生经历。当分析词作时,他们尽可能结合词人的传记资料,挖掘词作的主旨和可能的寓意。他们讨论的主要问题是文学作品"表达了什么",而非"如何表达"。有一位学者说得很明白：辛弃疾的词主要是"我们的爱国主义教科书"(程千帆《辛词初论》,第364页)。

这种便捷的批评模式随后被广泛应用,并成就了一个相对繁荣的批评事业。根据马兴荣的研究,在1949—1979年的三十年间出版的词学研究论著中,辛弃疾的研究占了六分之一(马兴荣《建国三十年来的词学研究》,华东师范大学中文系古典文学研究室编《词学论稿》,上海：华东师范大学出版社1986年版,第433页)。

④ 夏承焘《辛弃疾的农村词》，存萃学社编《辛稼轩研究论集》，香港：崇文书店1983年版，第70页。

⑤ 例如沈开生《世传辛弃疾寿韩侂胄词辨》，《杭州大学学报》1980年第4期，第79—80页；辛更儒《辛稼轩颂韩侂胄词辨伪》，《北方论丛》1984年第1期，第61—67页。

⑥ 参见郁贤皓《辛弃疾在南宋阶级斗争中担当什么角色——评近几年来出版的几本辛弃疾专著》，《南京师范学院学报》1966年第1期，第21—27页；杭文兵《为什么替封建官吏辛弃疾唱赞歌——评邓广铭同志在辛弃疾研究中的历史观点和方法》，《光明日报》1966年4月3日，第4版。

⑦ 参见王延梯《辛弃疾在民族斗争中的法家路线》，《文史哲》1975年第1期，第64—70页；钟文《辛弃疾的爱国主义与尊法反儒精神》，《安徽师范大学学报》1975年第3期，第73—76页；马兴荣《建国三十年来的词学研究》，第436页。

⑧ 辛弃疾是毛泽东主席（1893—1976）最喜爱的诗人之一。根据刘修明的研究，毛泽东晚年从辛词中获得不少慰藉。参见刘修明《毛泽东与"大字本"》，《中外论坛》1994年第3期，第1、7页。

⑨ 参见刘乃昌《辛弃疾论丛》，济南：齐鲁书社1979年版；蔡义江、蔡国黄《辛弃疾年谱》，济南：齐鲁书社1987年版；钟铭钧《辛弃疾词传》，郑州：中州古籍出版社1985年版。

⑩ 例如卫军英在其系列论文中尝试以西方悲剧理论来诠释辛弃疾，提出了一些有意思的观点。他注意到辛弃疾具有强烈的内在孤独感，同外部世界形成对照，有助于展现一种崇高的特质。虽然其研究方法看起来非常新颖，但是总体上存在严重问题。首先，如果我们试图把某个西方的概念，如悲剧，应用于中国诗歌研究，那么必须要阐明研究者对这一概念的定义。但在卫军英的研究中，悲剧的含义混杂于亚里士多德、黑格尔、恩格斯等观点之中。在我看来，正是为了令其可疑的理论奏效，作者有意不给出这个关键概念的清晰定义。其次，由于悲剧理论要求研究对象具有显见的可展开的情节，为了努力使辛弃疾符合悲剧理论的框架，作者给辛弃疾的作品强加了一个原本不存在的、具有清晰的戏剧发

展脉络的故事结构,而他也只能通过模糊辛弃疾作品和传记之间的界限来达到此目的。因此,尽管他不时引用辛弃疾的词作,其所分析的"悲剧性发展"最终不过是勾画了辛弃疾人生的"悲剧"而已。换言之,辛弃疾的作品被他根据传记资料编撰成诗歌形式的人生故事了。详参卫军英《稼轩词的悲剧效应及崇高意义》,《文学评论》1987年第6期,第159—161页;《稼轩词悲剧意绪的发展》,《杭州大学学报》1988年第3期,第101—106页。

刘扬忠《辛弃疾词心探微》(济南:齐鲁书社1989年版)旨在展开综合的研究,他意识到"机械反映论"妨碍了对辛弃疾的准确、深入理解(第四、五章)。他认为仅仅谈辛弃疾的爱国主义已然不够了,故而提出应该研究这位伟大词人的"词心"。他认为,反映于词中的只可能是词人的心灵史,而非历史真实(第五章,第1—51页)。他的基本理论是,文学作品反映现实,但其反映方式是间接的(第六、七章)。抛开刘扬忠自己的辛词分析也有时退回到"机械的反映论"不谈,他提出的区分诗歌主题和历史真实的观点是很有意义的。

刘扬忠的"词心"研究也得到其他学者的呼应。试举其中一个极端的例子,有一位批评者认为辛弃疾的作品与其非同寻常的"气质"之间存在着必然联系,因此研究其生理感受上的"幽默"可能是有意义的(参见常国武《辛稼轩词集导读》,《辛稼轩词集》,成都:巴蜀书社1988年版,第70—71、107—108页)。尽管听来略显荒诞,至少显示了反映论所缺少的一种敏感性。另一位学者杨海明也响应了刘扬忠的观点。他在研究中说,即便是在对待像辛弃疾这样的作品涵盖了广泛的社会生活的词人时,"我们的注意力也仍应当放在它的抒情方面而不必过分地去寻究它究竟反映了多少方面的生活"(《唐宋词史》,南京:江苏古籍出版社1987年版,第446—447页)。提及词的文体特殊性,他说:"它本质上仅属于一种'心灵'或'心绪'的文学,它的主人公应是'自我',而不是客观世界——虽然它又通过着'自我'而去间接地拥抱或感知着客观世界。"(第446页)杨将其理论付诸实践,集中于辛弃疾有力的情感,特别是其词中表达的狂放(第447—452页)。他相信,只有完全理解了辛弃疾狂放的精神，才可把握辛弃疾作品的复杂性。带着这样的理解，杨已经在往揭示辛弃疾作品内核的方向靠近。然而，当他开始考察狂放精神的来源时，他又情不自禁地回到了辛弃疾崇高的爱国主义动机。于是，那个我们已经听了无数遍的爱国英雄的人生故事被再一次讲起。

有的批评者选择通过辛弃疾的词体特征来探讨其复杂性。虽然类似胡适和胡云翼的研究尝试将辛词的风格简单化，但是，直到二十世纪八十年代以前，大多数批评者仍认为辛词风格不应该被贴上单一的标签，有不少论著聚焦于辛词如何做到既豪放又婉约的问题。然而，这种"辩证"的观点本身又成为人们所热衷的另一种批评模式套路。出于对此种模式的不满，一些批评者在二十世纪八十年代提出了超越豪放与婉约范畴的辛弃疾风格研究方法。例如上文提到的刘扬忠便提议对辛弃疾的风格进行一次必要的阶段性重审（《辛弃疾词心探微》，第147—150页）。

更有宏志的当数施议对，他试图建立自己的辛词风格理论，认为理想的词体研究应该是"本体论"的结构研究，即通过归纳词人特殊的形式特征而揭示其"整个的人"（《词体结构论简说》，第7页）。施发现辛弃疾的词是多重组合的结构形式，由许多组包含着两个相互矛盾对立面的统一体构成，例如，并存的刚与柔、动与静、大与小、严肃与滑稽等。这些对立组在各式各样的组合中相互作用而形成"深层结构"，从而解释了辛弃疾词令人炫目的复杂性（《论稼轩体》，《中国社会科学》1987年第5期，第157页）。施议对研究的优点在于他看到了词学研究从词体外围转向词体本身的必要性（《词体结构论简说》，第7、14页）。

事实上，在施议对提出词的"本体论"批评之前，尽管不少学者并不知道"本体论"一词，但他们所做的不少工作已经为词的本体论研究铺平了道路。例如，夏承焘在他的《唐宋词论丛》（北京：中华书局1962年版）和《月轮山词论集》（北京：中华书局1979年版）中，透过多位词人作品的细致分析，对词的色调模式的发展做出了颇具启发性的发现。詹安泰《詹安泰词学论稿》（广州：广东人民出版社1984年版）和龙榆生《词曲概论》（上海：上海古籍出版社1980年版）讨论了宋词中的声、情关系。吴世昌《论词的章法》也考察了颇具意义的文体结构特征(《辽宁大学学报》1988年第4期,第66—68、79页)。关于词的结构元素,像领字、托字,以及其他结构问题,也在其他论著中得到讨论[据施议对所说,这些成果将收入即将出版的《词学导论》,他已经完成了该书的初稿,并且在其《词与音乐关系研究》(北京:中国社会科学出版社1985年版)一书中有所引用,第201—205页]。人们或许好奇,为何这些卓有成效的研究没有发展形成一套系统、完备的"本体论"批评?主要原因或许在于反映论主导着词学研究,不鼓励任何对艺术形式的认真研究。当人们将政治和功利主义的标准放在第一位的时候,真正的"本体论"研究是无从谈起的。

⑪ 缪钺《论辛稼轩词》,第50页。

⑫ 参见 Irving Lo, *Hsin Ch'i-chi*, p. 55.

⑬ 同上,第54页。

⑭ 同上,第58—60页。

⑮ 叶嘉莹的文章《论辛弃疾词》给我们提供了相似的批判性见解。在文中她强调了其所谓"本体之呈现"的特别重要性,即辛弃疾崇高伟大的志意和理念同其全部生命融为一体的"本体之呈现"。引起笔者注意的是,叶先生不仅将辛弃疾视为诗言志传统中的杰出人物,还注意到辛弃疾崇高情感的能量来自其人格的生命力。最重要的是,她强调辛弃疾词作的力量在于结合了道德意志与生命力的"本体之呈现"。她之所以如此突出"本体"(该术语在论文开头被至少使用了八次),原因之一是想强调辛弃疾的词作并非偶然反映,而是必然地呈现着他的整体。这意味着研究诗人的高尚情感必须研究他的整个自我,例如其个性、气质、独特生命力,所有诗歌中固有的东西。参见叶嘉莹《论辛弃疾》,《唐宋词十七讲》,长沙:岳麓书社1989年版,第401—407页。

⑯ 王叔岷《庄子校诠》,台北:台湾商务印书馆1988年版,第2册,第593—594页。

第一章　此何人哉：对"豪放"的追索

> 一以我为牛，
> 一以吾为马。
> 人与之名受不辞，
> 善学庄周者。
> ——《卜算子》

传统批评家和评论者根据他们自认的辛弃疾之突出特征，给他戴上和冠上各种标签和称号。虽然这些标签和称号往往是印象式的，有时含义模糊不清，带着使用者不假思索的想当然的想法，却给过去八百多年的辛弃疾批评定下了基调。本章将重新审视这些批评话语，并且追问下列问题：这些术语是被谁、在怎样的背景下使用的？为何抨击辛弃疾的人与崇拜他的人可以坦然地共享一整套相似的批评话语？换言之，很多时候，不同的批评者怎样以同一套话语来批评和褒扬辛弃疾？当这些术语应用于不同时代或出自不同立场的批评者时，其含义有何细微的差别？沿着该思路，我们将继续追问，缘于某个历史时期特定的知识氛围的推动，或因为某位批评家的敏锐感觉的运作而被提出来的对一些问题的关切，为何就能粗线条地生动勾画出辛弃疾的特殊品质？

我们有必要通过对辛弃疾研究中的一系列已被熟视无睹、几乎无条件接受的"套话"的陌生化过程,来重新确认这些关键话语的真实且锋利的意涵,并对如下基本问题做出回答:辛弃疾研究的核心问题是什么?更具体地说,何为辛弃疾与其他词人形成鲜明区别的最突出特点?

早在南宋后期,批评家就开始谈论辛弃疾词的"豪放"品质。[①]随着时间的推移,"豪放"的关注点和内涵经历了微妙的变化,尤其在"豪放"被此后的批评家当作方便的术语,用于作词的两种对立模式——"豪放"与"婉约"的优劣长短之辩以后[②]。时常爆发的"豪放—婉约"论争,赋予了该术语原义中没有包含的内容,使它在承担概括整个词派之任务的同时,失去了很多辛辣的原味。为了把握辛弃疾作品中"豪放"的确切含义,以及围绕它的一系列同源的批评话语,我们必须重审该术语,追溯其源起,并考察它在辛弃疾批评中的最早应用。

组成"豪放"的这两个字,其含义的范畴均涵盖甚广,包括从褒义到贬义的种种内容。[③]"豪"可以表示"英雄""骄傲""勇敢",也可以意味着"专制""傲慢""强横"。如果说它们之间的异质性似乎尚不显著的话,那么,这些词语所暗示的能让英雄与暴君或者恶霸共享的"同质"则令人印象深刻。他们都拥有过人之力,并且以能够展示力量为荣。与之相似,"放"的含义也很丰富,从"自由""肆无忌惮"到"自我放弃""放纵"以及"狂野"等,其共同质素在于"无拘无束"。[④]当"豪"与"放"组合成词时,便汇集了矛盾的弦外之音。对宋代人来说,恣意行事、放纵不羁的豪放人物可以既被仰慕,又被谴责。苏辙(1039—

1112）对李白的评价便是典型例子。他说李白如此豪放，宛如人中之凤，但恰恰也是由于豪放，其诗歌作品华而不实，不见其中的义理。⑤

尽管直到明代"豪放"一词才正式成为豪放派词人群体的专名⑥，其用于词的批评却始于宋代。比辛弃疾震惊文坛的豪放词早一百年，苏轼（1037—1101）颇具创新性的词作已经赢得豪放之誉。南宋后期，苏、辛已并称，他们的豪放常常指词的一种风格——以偏离词体本色的主题与形式规范而著称。

苏轼与辛弃疾通过拓宽词的题材和表达方式，给词体约定俗成的规定带来了巨大的改变。如果强调"豪放"一词中的勇敢、不循规蹈矩的内涵，那么二者均可称为"豪放"。其实，苏与辛在许多方面并不一致。以词的音乐性问题为例，苏轼试图把词改造为一种与"诗"相类的抒情诗体，他不仅引入了此前从未见于词的诗歌主题，而且还倾向于突破词的音律要求，故而其词常常因不合音律而遭到诟病。⑦当批评家谈起苏轼的豪放词风时，总会认为这是大问题。晁补之（1053—1110）在评论当朝乐章时，已注意到苏词可能不甚协音律，但他认为这是因为苏轼作为"横放杰出"的文学天才，很难被曲调形式约束——"自是曲中缚不住者"⑧。南宋著名诗人陆游（1125—1210）也表达了同样的看法。在《老学庵笔记》中，陆游解释了苏轼词不协音律的原因，断言苏轼其实深谙词的内外音律协调之道，只是能而不为。造成其不协音律的原因就在于他太过豪放，以至于不喜剪裁或收敛自己的天性而接受严格的音韵规则的限制。⑨显然，晁补之和陆游所谓"横放"或"豪放"，均是指苏轼填词的自由态度。

辛弃疾却并非如此。尽管他也尝试了新的表达方式，但这种尝试是通过充分利用词调的音乐形式规范的潜能，而非忽视这些规范来实现的。因此辛弃疾的词并没有不合音律的问题，他甚至因为敏锐的词体音乐结构意识而得到古今批评家和学者的认可，[10]可称为懂得根据字声恰当地安排文字，利用音乐效果加强词作含义的大师。[11]所以，辛弃疾之豪放并不表示挣脱词体音律束缚的自由精神，这与苏轼是不一样的。

宋末元初重要的词评家张炎（1248—1320？）洞悉了苏轼与辛弃疾的不同之处，并对辛弃疾的豪放风格做出了可能是最早的简明定义。其著名词话《词源》云："辛稼轩、刘改之（1154—1206）作豪气词，非雅词也。"[12]他没有像当时许多批评家那样，将苏、辛置于同一群体，而是仅仅提到辛弃疾和紧随其后者。显然，苏轼在他这里是免于批评的。事实上，张炎的词论多次以苏词为正面范例来阐明其词体的审美理想，这是相当值得重视的。张炎精通音乐，而词的音乐性也是《词源》的重要议题之一，然而他却似乎并不在意苏轼在这方面的不足。原因在于张炎关注的是更为根本的问题：词之雅。《词源》说：

> 词欲雅而正。志之所之。一为情所役，则失其雅正之音。[13]

为了重新定义词体，张炎直接从《诗大序》中引用了诗乃"志之所之"，还从早期儒家典籍中借用了"雅"和"正"，此二词原本指雅乐和正声。[14]显然，张炎认为必须将词体带回诗言志的传统——深深根植于儒家价值的传统。他眼中的雅词充满传统的诗歌精神。此处强调的两点都是为了词之雅：一方面要言志，这意味着道德与伦理正确；另一方面则要避免役于情，即表达要适度，要温柔敦厚。

词起源于流行音乐，被文人吸收之后变成一种范围狭窄、声音柔婉的抒情载体，文人士大夫常以此排遣诗歌无法表达的细微感觉和情绪。因此，长期以来词的文体地位很低。从北宋后期开始，或受到以柳永（984？—1056？）为代表的作词流行趋势的刺激，一些文人有意通过拓宽词的题材、去除词的俚俗语言，来提高词的文体地位。其实质是，文人努力用"诗"的模式来革新词体，提升词体的地位，希望最终能把词纳入"诗"的传统。因此，这一发展后来被现代学者合理地描述为"复雅"运动的开端。[15]幸运的是，这场运动的倡导者是苏轼这位极具影响力的伟大人物，他带起的新趋势改变了词体的发展进程。

南宋时，雅作为重要的创造与批评概念，已经得到了词人和读者的共同支持。例如，一些词选便以"雅词"命名。[16]雅是当时评价词作的关键标准，直到张炎的《词源》仍然如此。虽然随着南宋后期审美趣味的变化，对雅的强调偏向于高雅的品味、诗意的敏感、文化的内涵以及精致的表达（张炎的词论便是这种新的词体美学的重要宣言之一），然而"复雅"运动的本质，即对"诗"传统原则的坚持，一直不曾动摇。

作为将词带回诗言志传统的先驱，苏轼作词时常常选择那些一般认为只适合于诗体的主题，其词也总被认为具有"诗"的高品格。因此，以张炎的标准来看，苏轼的词自然是雅的。[17]在

《词源》中，张炎多次表达了对古代乐诗的怀旧和仰慕，如汉代乐府民歌和其他音乐诗体，在他看来，这些乐诗皆雅而正。[18]而苏轼"以诗为词"[19]的创作经验恰好成为张炎所需要的绝佳范例，证明词体以这些古典诗歌为模范不仅是可取的，而且是可行的。

既然辛弃疾与苏轼相似，同样在拓展词体范围方面发挥了重要的作用，而且其词中也没有低俗的语言，那么他的词为何达不到张炎的雅词标准呢？

回答这一问题，我们需要重新看一看张炎对雅正的定义。上文已指出，该概念的含义包括两方面。雅正之词，首先须言志，辛弃疾在这方面自然没有问题；其次不可役于情。"情"的本意是情感或者激情。方秀洁（Grace Fong）的研究认为，张炎说的"为情所役"，意为不够得体、不够"艺术和婉约"，常常导致"以过于简单直接的方式呈现过于情绪化的表达，听来略显轻率"。[20]她还进一步指出，正是由于"豪放风格展示的阳刚之气和自信的语言太过直接了"，"（张炎）批评辛弃疾及其追随者所代表的南宋豪放词不够雅"。[21]她的观察提醒我们留意辛弃疾作品的这一重要特征，辛词被归入不雅类的部分原因正在于此。然而，在笔者看来，辛词存在诸多有违张炎雅正品味的特征，而表达的直接仅是其中之一，或者确切地说，这只是其他更根本特征的表面呈现。

张炎告诫人们不要溺于情。为了说明其观点，他列举了好几个反面例证——全都是艳情的情感表达。张炎之所以批评这些词，不仅由于它们的表达方式很直接，更是因为强烈的情感表露无遗。因此,张炎最后哀叹,古之淳厚文风竟然寥落至此,而浇薄日渐成风。[22]当然,辛弃疾便是他提到的最后一位"浇风"词人。张炎的观点是要避免任何过度的情感表达,而他把批评的矛头指向辛弃疾的不雅,显然也是基于这一观点。

在词论《赋情》篇中,张炎引用了一首辛词作为情感表达适度的例子。然而,在称赞该词品格上佳、犹存古之骚雅(指屈原《离骚》和《诗经》)之后,他笔锋一转,表达了自己对这首特别之词略嫌不雅的遗憾。我们从中可以看到这位雅正传统的守护者如何字斟句酌,不太情愿地给了一位词人嘉评,非常有趣。该词人无疑才华横溢,但其风格过于豪迈、粗犷,以至于不雅。张炎如是说:"若能屏去浮艳,乐而不淫,是亦汉魏乐府之遗意。"[23]他一再求助于权威的儒家诗歌经典的事实表明[24],其思想中的"雅",不仅是一个诗歌艺术概念,还是道德伦理概念。在他看来,辛词总体而言属于不雅,不仅是因为其直接而不够精致的表达方式,更重要的原因在于词中过于强烈的、过度的情感。

正如方秀洁所指出的,《词源》关于雅的各方面的禁令,恰恰是批评家"继承并且努力坚持正统路线,以此对抗词体表达的豪放和流行趋势"[25]而做出的反应。张炎关于辛弃疾的看法当然是片面的,常常囿于门户之见。但是,如果从他的批评中筛选出有价值的判断,我们便不难发现,他其实抓住了辛词最重要的特点。而透过张炎同时代批评家的词论,也可见出他们大多认同张炎所把握的辛弃疾的独特特征。唯一不同的是,他们更同情辛弃疾,以至于张炎眼中辛词的缺失,却被他们视为优点。

辛弃疾的门人范开在1188年为最早的辛词集所作的序文中

提供了一些关于辛弃疾的第一手资料。他发现，词不过是辛弃疾的"陶写之具"㉖。辛词完全是自然的、自发的表达，因为辛弃疾"意不在于作词，而其气之所充，蓄之所发，词自不能不尔也。"㉗这是最早以"气"的概念阐述辛词的评论，后文我们还将讨论这个重要的批评术语。此处需要指出的是，范开所认为的辛词自然的、不受拘束的情感宣泄，完全与雅的适度表达原则格格不入。

辛弃疾的追随者，宋代词人刘克庄（1187—1269）如此称赞他心目中的英雄：

> 公所作，大声鞺鞳，小声铿鍧，横绝六合，扫空万古，自有苍生以来所无。其秾纤绵密者，亦不在小晏、秦郎之下。㉘

刘克庄说得很清楚，辛词之"秾纤绵密者"固然能与任何善此道者相颉颃，而那种"自有苍生以来所无"的阳刚之气更是无人能匹敌。

刘辰翁（1232—1297）也用乐器来形容辛弃疾强劲的表达，说辛词所迸发出来的挫折感和愤懑好似"悲笳万鼓"㉙，并认为辛弃疾彻底而热烈的情感宣泄是正当的，"英雄感怆，有在常情之外，其难言者未必区区妇人孺子间也"㉚。

元明时期，词不再是盛行的诗歌形式，词学批评也极少。沉寂了约三百年之后，词体在清代又突然复兴。不过，这个时期的新一代词人短于原创而长于模仿，模仿的对象往往为宋代的前辈，尤其是南宋词人。这一趋势带来了一个副产品，即以南宋词人为焦点的词学批评兴盛起来了，辛弃疾也因此备受关注。

清初百余年，活跃于词坛的是"浙西词派"[31]。他们是南宋后期"雅词"流派的狂热崇拜者，标榜张炎的理论。毫不意外，他们不以辛弃疾为然，也像张炎那样指责辛弃疾的作品表达过度。浙西词派的核心人物朱彝尊（1629—1709），曾在一首赠友词作中以轻蔑的口气言及辛弃疾："吾最爱姜史，君亦厌辛刘。"[32]他竟然以有同样厌恶辛弃疾的朋友而自豪！颇具讽刺意味的是，他并没有意识到，此时自己同样犯了辛弃疾被指责的错误——过度表达了强烈的爱憎。

并非所有人都同意朱彝尊的观点，从十九世纪初开始，对辛弃疾的正面评价多了起来。清代中期重要批评家周济（1781—1839）就非常欣赏辛弃疾，称其为学词者应当研习的宋词四大家之一。[33]他在《介存斋论词杂著》中做出了如下论断：

> 稼轩不平之鸣，随处辄发，有英雄语，无学问语，故往往锋颖太露。……后人以粗豪学稼轩，非徒无其才，并无其情。稼轩固是才大，然情至处，后人万不能及。[34]

清末词评家陈廷焯（1853—1892）和谢章铤（1820？—1903？）也发表了类似的评论。陈廷焯说："粗莽。必如稼轩，乃可偶一为之，余子不能学也。"[35]谢章铤则观察到：

> 近人学稼轩，只学得莽字、粗字，无怪阑入打油恶道。试取辛词读之，岂一味叫嚣者所能望其项踵？……稼轩是极

有性情人，学稼轩者，胸中须先具一段真气奇气。[36]

清末民初学者况周颐（1859—1926）和王国维（1877—1927）也非常推崇辛弃疾。况周颐重申辛弃疾是无法模仿的。他说："性情少，勿学稼轩。"[37]王国维也表达了相似的观点：

> 幼安不可学也。学幼安者率祖其粗犷滑稽，以其粗犷滑稽处可学，佳处不可学也。幼安之佳处，在有性情，有境界。[38]

在这些评论中，辛弃疾获得了高度的赞扬。但有趣的是，除了强调他的不可模仿性，似乎所有的评家都没有其他办法来定义辛弃疾的成就。这固然已经是相当高的评价——无论如何，无人能望其项背。但不可否认的是，这些批评家也给人这么一个印象，即在不同程度上，他们都只能以防御的方式来褒扬辛弃疾。在抨击辛弃疾的拙劣模仿者的同时，他们也承认辛弃疾的词太锋芒毕露，甚至有些浮躁和粗鲁。这些批评家似乎隐约感觉到，辛弃疾词中存在某种难以捉摸和言说的特质，其绝对价值虽不至于离经叛道，但确实含有令人生疑的成分。辛弃疾与其拙劣模仿者的唯一区别是，后者只领略到这种特质中的粗犷滑稽，故而受其累。唯有辛弃疾拥有一种独一无二的本事，能够点石成金，使这种可能是粗糙的特质闪现出美的光芒。[39]如此，豪放风格中的所谓粗鲁浮躁便显得理所当然了。

那么，辛弃疾的这种"独一无二"究竟为何物？

这便是性情，即词人非同寻常的个性。[40]上面提到的那些批评家强调，若不具备辛弃疾的性情，根本就不应该企图模仿他。[41]如王国维所说，辛词之"不可学"的"佳处"便是这种性情。然而，此种说法听起来像是平庸的重复，因为所有的文学作品都应该揭示作者的性情。何况性情作为一个文学批评概念至少已有一千四百年的历史[42]，除非另有所指，否则老调重弹没有多大意义。确实，在那些倾心于辛弃疾的批评家看来，性情即真诚、自发的个人天性，用王国维的话来说便是"赤子之心"[43]。

有清一代，"性情"都是一个重要的术语，立场不同的批评家对其含义的理解有很大的差异。儒家诗歌传统的拥护者延续着《诗大序》的思想，以性情来表示普遍人性和社会性情感，使得性情几乎成为"志"的同义词，具有强烈的道德含义。[44]更看重文学本身价值的批评家们，则用性情来表示自然不做作、对个人天性毫无保留的表达。而用于辛弃疾词批评的"性情"属于后者。清末学者沈祥龙曾说过："古诗云，识曲听其真。真者，性情也。性情不可强。观稼轩词知为豪杰，观白石词知为才人，其真处有自然流出者。"[45]

真，也正是王国维特别关注的。他在《人间词话》中评论了辛弃疾的性情。在这部词话中，他表露了对强烈、自发、自然的诗歌品质的极度偏爱，这常常意味着摒弃精致、委婉、雕琢等风格。[46]在王国维看来，词人最可贵的性情就在真。他声称："主观之诗人不必多阅世，阅世愈浅则性情愈真。"[47]这种说法似是而非，似非而是。其实，王国维真正担心的是诗人变得过于世故而失去其本真的声音。对"真"的痴迷促使他给词人下了个新定义："词人者，不失其赤子之心者也。"[48]

天真无邪的赤子之心成为词人性情的真谛。这一提法令人耳目一新,然而,它其实是几乎一字不差地照搬了一百多年前袁枚(1716—1798)的说法:"诗人者,不失其赤子之心者也。"[49]而袁枚则是受到了晚明哲学家与批评家李贽(1527—1602)的"童心说"的启发。这些说法之间的思想联系并非巧合。事实上,自晚明以来关于个体情感纯粹表达的追求一直存在,而王国维对真性情的倡导也是这种追求的延续。所以,对中国文学史的这一发展演变做简要的考察是有必要的,将有助于我们更好地理解批评家所谓的辛弃疾词中"真性情"的含义。

看来这些思想都始于李贽,一个不与儒家道德伦理妥协,抨击传统文学思想的"极具独立个性之人"[50]。其生动的论文《童心说》以"童心"理论作为战斗武器,其中写道:"夫童心者,真心也。……夫童心者,绝假纯真,最初一念之本心也。"[51]"童心"最大的敌人便是试图把外界的评判标准强加于人的书本知识和道德教条:

> 夫既以闻见道理为心矣,则所言者皆闻见道理之言,非童心自出之言也。言虽工,于我何与?岂非以假人言假言,而事假事,文假文乎?[52]

换言之,写真文就是去假存真,就这么简单。正如李贽所说:

> 苟童心常存,则道理不行,闻见不立,无时不文,无人不文,无一样创制体格文字而非文者。[53]

李贽的结论是：“天下之至文，未有不出于童心焉者也。”[54]

诚如狄百瑞（William Theodore de Bary）所指出的，李贽的言论如此离经叛道的原因，与其说是他的反智态度，不如说是“他对于性情文学的积极认可”[55]。他的确着迷于自然率性和个性的无拘无束的表达，并坚定地相信，作家唯一应该做的是跟着性情走：

> 盖声色之来，发于情性，由乎自然。是可以牵合矫强而致乎？故自然发于情性，则自然止乎礼义，非情性之外复有礼义可止也。惟矫强乃失之，故以自然之为美耳，又非于情性之外复有所谓自然而然也。[56]

这可能是有史以来对儒家文学传统所认可的既定价值观发起的最大胆的挑战。李贽断言，“非情性之外复有礼义可止也”，他实际上要表达的是，任何一种情感，只要是真的，就可以在文学中拥有合法地位。因此，他反对的是规定诗歌内容首先必须道德正确的诗言志律条。而当他宣称“声色”呈现的唯一方式是“发于情性，由乎自然”时，实际上便否定了温柔敦厚的儒家诗歌审美原则。显然，性情的内涵在李贽这里产生了决然的改变，不再意味着普遍人性，即儒家伦理所谓的天地之心，而是意味着作为血肉之躯的个体的心灵。我们可以说，性情已经从一个淫浸于理和礼的概念变成它的对立概念。它从原先被供奉的高高的神坛上跌落下来，却获得了赋予其尊严的人性。

李贽关于“童心”和性情的思想得到了袁宗道（1560—

1600)、袁宏道(1568—1610)和袁中道(1570—1623)三兄弟及其所属公安派的进一步发展。其中,排行第二的袁宏道是李贽的密友[57],他的"性灵说"[58]显然受到了李贽的影响。虽然袁氏的"性灵说"与李贽的"童心说"存在一些差异,他们对个体以及真性情的强调却是一致的。袁宏道赞同李贽的观点,认为真正的文学是性情的产物。因此,他认为其所处时代的高雅文学毫无生气,绝无可能载入史册,而那些通过妇孺之口流播于市井里巷的歌词,或可传诸后世。他解释说:

> 犹是无闻无识真人所作,故多真声,不效颦于汉魏,不学步于盛唐,任性而发,尚能通于人之喜怒哀乐嗜好情欲,是可喜也。[59]

所以,他毫不含糊地说,甚至各种"嗜好情欲"都可以在文学中表达。这令我们不由得想起李贽关于真文学的宣言——"非情性之外复有礼义可止也"。

在赞扬其弟之诗的文字中,袁宏道说:

> 大都独抒性灵,不拘格套,非从自己胸臆流出,不肯下笔。有时情与境会,顷刻千言,如水东注,令人夺魄。其间有佳处,亦有疵处,佳处自不必言,即疵处亦多本色独造语。然予则极喜其疵处。而所谓佳者,尚不能不以粉饰蹈袭为恨,以为未能尽脱近代文人气习故也。[60]

这段话中有两点值得我们注意，其一是袁宏道特别欣赏文学创作中的自然和自发状态；其二格外有趣，他认为"有疵"的诗——就是那些一任性情倾泻而出的诗——比那些"佳者"还要好得多。他似乎想表达的是，作品如果被打磨或者过度锻造，就会失去个人的独造；而有瑕疵的诗却闪耀着诗人的本色，因此为了作品更好，宁可有瑕疵。这无疑是袁宏道"趣"观念的极佳注脚。[61]

赞美了诗歌表达的自然之后，接下来顺理成章地就该批判温柔敦厚的中庸之道了。袁宏道说，其弟的诗"每每若哭若骂"，因而被批评为"太露"。袁宏道对此批评的回应是："曾不知情随境变，字逐情生，但恐不达，何露之有？"[62]

李贽和袁宏道都是远超其所属时代的批评家，他们反传统的文学观极大地解构了旧传统，当然招致严厉的批评。[63]但是，他们所倡导的"真性情"的概念存活下来了，并从此成为极富启发性的话题。许多活跃于清代前中期的思想领袖、诗人、批评家，如金圣叹（1608—1661）[64]、钱谦益（1582—1664）[65]、贺贻孙（1606—1689?）[66]，甚至李贽激进观点的严厉批评者黄宗羲（1610—1695）[67]，都加入了关于性情的讨论，使其成为一个长盛不衰的话题。[68]不过，在这一时期，性情理论最有力的倡导者是清代中期诗人与批评家袁枚。[69]

袁枚从袁宏道手中接过"性灵"一词，用作其文学批评的关键术语。他认为性灵不只有袁宏道所用的性情之意，用袁枚自己的话来说，还意味着"灵机"。另外，袁枚并不像袁宏道和李贽那样，宣称性情是最为重要的（如果不是唯一的）文学之源。这使他的观点看起来不那么偏颇。除了性情，他也强调后天学习和诗歌技巧的重要性。[20]然而，其理论的核心仍然是真性情。袁枚说："诗难其真也，有性情而后真。"[21]他进一步将天生的性情锚定为"我"——"作诗，不可以无我。"[22]因此，真正的好诗"但见性情，不着文字"[23]。与其个人主义表达密切相关的，当然是他对中庸之道的反抗。谈及针对的目标，他没有含糊其词：

> 即如"温柔敦厚"四字，亦不过诗教之一端，不必篇篇如是。……故仆以为孔子论诗可信者，"兴、观、群、怨"也；不可信者，"温柔敦厚"也。[24]

袁枚正是带着这种信念，认为诗人是"不失其赤子之心者也"。我们在前文已指出，他的话后来被王国维借走给词人下定义。

笔者之所以花费如此长的篇幅谈性情，是因为它能让我们看到，新的个体意识是如何在晚明觉醒，又如何在清代与守旧者抗争，从而对辛弃疾批评产生了影响，给了它一个强有力的批评术语。更确切地说，给了它一个新的视角。

回顾张炎对辛词的"豪气"或"阳刚"之气以及过度情绪化表达的批评，我们会发现，清末批评家捕捉到的辛词特征与之相差无几。但是张炎仅仅用"雅词"的严格标准来衡量辛词，而清末批评家却心甘情愿地任由自己被辛弃疾非同寻常的"性情"深深感染。不得不说，上文提到的那些辛弃疾评价者，如周济、陈廷焯及况周颐，并非袁枚那样的自由主义者，他们在不同程度上都认同以雅词为词体正宗的传统观点。然而，随着性情理论缓慢却稳步地在文学领域扎根,这些批评家不用再带着点愧疚替辛弃疾解套,而可以自由自在地对辛弃疾的阳刚之气做出自然而直觉的反应。

周济曾谈到他对辛弃疾的偏见是如何消除的:"吾十年来服膺白石,而以稼轩为外道,由今思之,可谓瞽人扪籥也。"[15]姜夔是南宋大词人,其词以清空风格著称,被张炎标举为雅词的最高典范,也得到清代词评家的普遍推崇。周济亦崇拜姜夔达十年之久,现在却转而服膺于辛弃疾的活力与深刻。

陈廷焯的例子也很突出。这位高产的词评家以倡导沉郁风格闻名。以他的标准来看,辛弃疾的表达方式不甚得体,理应避免。如他所说:"(稼轩)才气虽雄,不免粗鲁。世人多好读之,无怪稼轩为后世叫嚣者作俑矣。"[16]然而,令人惊讶的是,陈廷焯却是辛弃疾最热心的读者,留下的关于辛弃疾的评论和批评也是最多的。可以肯定的是,他对辛弃疾的赞扬并非是无条件的,以至于常常要别扭地通过矛盾的限定条件加以中和。然而,他对辛词的评价却生动地展示了一个浸淫于传统价值观的学者是怎样被非常规天才作品中的粗犷之美震惊与折服的。他有时确乎尝试用道德话语来评价辛弃疾。有趣的是,越是这么做,他便越对辛弃疾不那么道德完美的品性着迷。笔者最喜欢的例子即他对苏、辛的比较。他说:"东坡词全是王道,稼轩词则兼有霸气。"[17]

陈廷焯似乎认为王道是更为理想的美德,故紧接着补充道,辛弃疾的霸气并不妨碍王道——"然犹不悖于王也"[18]。然而,他在评论辛词时多次流露出自己真正仰慕的其实是辛弃疾锋芒毕露的狂野精神,其不可抵挡地被辛弃疾的霸气吸引。他认为:

"东坡词，极名士之雅；稼轩词，极英雄之气。千古并称，而稼轩更胜。"[79]这粗犷的英雄霸气还胜于优雅温和的王道![80]陈廷焯还数次把辛弃疾称为"词中之龙"[81]"健鹘摩天"[82]，其词"如闻饿虎吼啸之声"[83]，这些狂兽猛禽意象的使用，无疑暴露了他对辛词散发出来的阳刚之气与力量的敬畏和惊奇。

不止陈廷焯，另一位清末批评家谭献（1832—1901）亦深为辛弃疾的霸气所触动。谭献为了概括辛弃疾的这种特征，同样将辛弃疾与苏轼进行了适当的比较，甚至其表述都像在解释陈廷焯的话："东坡是衣冠伟人，稼轩则是弓刀游侠。"[84]于是，豪放词人突破陈规、桀骜不驯的天性立刻被展现出来。而本章开头讨论的各种豪放内涵，现在通过批评家的一系列相关意象得以生动地呈现：霸主、英雄、游侠、龙、虎和鹘。

陈廷焯用霸气来描述辛弃疾的雄豪之力，而谭献也试图通过"气"来把握辛弃疾作品的本质。谭献曾评论道，辛弃疾的创作被犷气或是豪放的生命力主导，并且告诫诗人，如果缺乏辛弃疾的盛气，或是强大狂放的生命力，就不要轻易模仿他。[85]

我们发现，辛弃疾的气——他的生命力突然成为焦点，几乎所有的批评家、评论家都在谈论他的气。正如其门人范开所说，辛弃疾的郁勃之气在词中得以释放；张炎曾批评其过度的豪气；如今这些清代批评家则惊叹于他的霸气、英雄气、豪迈不羁之气、强大狂傲之气，此外还须加上辛弃疾的真气和奇气（参见前文所引谢章铤的评论）。上述各种气都是辛弃疾性情的自由挥洒，也打动了所有通过触摸其生命力节奏来接近他的人。

如此看来，早在二十世纪的批评家试图将辛弃疾重塑为爱国主义英雄，从而让他来帮助他们赢得新文学理论论争的有利局面之前，传统的批评家与评论家，不论是否喜欢辛弃疾，就已鉴别出辛弃疾最为突出的特征，即他的奇气。

气，当然是一个内涵丰富的概念。自曹丕（187—226）把气引入文学批评以来，它已经被广泛应用于对文学作品的各个方面在不同层次上的讨论，而且这个笼统而模糊的术语似乎根本没有对传统批评家造成什么困扰。只要他们对该术语的核心含义都存有一个不言自明的共识，他们便可以各取所需，轻松地强调该术语在某方面的含义，用于处理他们特别关心的任何问题。这种方便却是我们绝不敢奢望的。为了理解辛弃疾批评中气的真正含义，我们只能从头开始梳理，追踪其发展，考察它的应用背景。

气是中国古代宇宙观的一个关键概念。气被认为是一种基本物质，构成宇宙以及宇宙中所有的物体和生物。对人类而言，气是一种物质能量，可以解释身体构成以及个体的生理、精神特征。[36]《管子》对此有清晰的表述，其《内业》章说："凡人之生也，天出其精，地出其形。"[37]《心术下》章则说，"气者身之充也"。[38]其《内业》章还声称，气是启动所有身体与精神运行的原始物质力量，"气，道乃生，生乃思，思乃知，知乃止矣"[39]。此处关于气，强调了两点：首先，它是物质性的；其次，它是原初动因。

众所周知，中国古代思想家倾向于用人类社会的道德含义去解读自然法则。例如，将人类社会的等级秩序投射于宇宙，从而用自然法则来证明社会等级制度的必要性。[40]同样的情况也出现于对气的解释。在《管子》中，气主要是一种物质力量。但是，后来人们试图从中解读出道德含义。尤值一提的是，孟子重新定义的气相当著名。孟子的《公孙丑上》说："夫志，气之帅也；气，体之充也。夫志至焉，气次焉。"[91]他毫不含糊地把气从具有决定性地位的原始动因降为附属品，只能听凭其精神主导"志"的率领。上段引文之后，孟子接着说他善于养"浩然之气"。而当孟子被问到浩然之气的意思时，他以诗意的语言回答：

> 其为气也，至大至刚以直，养而无害，则塞于天地之间。其为气也，配义与道；无是，馁也。是集义所生者，非义袭而取之也。行有不慊于心，则馁矣。[92]

相比物质性的气，孟子所说的浩然之气更是精神的。它生于义的积累，伴随义与道而运行，所以它应当通过内心极高的道德标准来维持。因此，它终究不能靠天地自然赋予的身体禀赋而获得，只能通过后天的修炼养成。

然而，若就此认为孟子完全否定了气的物质性，未免太过简单粗暴。无论如何，他是同意管子所说的气乃"身之充"的。仔细阅读孟子这段话，我们会发现，他的精神之气明显是从管子生动描述的物质之气中获得了力量。试想一下，假若他的气没有了物质品性的"大"和"刚"，没有了"塞于天地之间"的几乎可触的物质形式，没有借用物质之气的"浩然"之运动势态，将会是什么样子？在笔者看来，孟子敏锐地意识到了气的原始性和自然性，而且也懂得，这种物质力量一旦被滥用，将具有破坏性潜力。[93]因此，他试图以道德来控制气的自然活力，使其更合理与完善。而作为道德理想主义者，他真诚地相信这种精神力量和物质力量可以结合在一起，从而形成"浩然之气"。

如果孟子所做的是试图通过服从道德意志来调和物质之气，那么后来曹丕划时代的《典论·论文》所说的则完全相反。曹丕不仅突出了气的物质本质，还强调这种物质可以超越意志的束缚。其说法如下：

> 文以气为主。气之清浊有体，不可力强而致。譬诸音乐，曲度虽均，节奏同检，至于引气不齐，巧拙有素，虽在父兄，不能以移子弟。[94]

曹丕通过论说气或清或浊的各种形式，证明了各种斑驳不一的人共存于世。然后，通过点明各种形式的气既不能有意识地改变，也不能从父亲传给儿子，进一步强调形形色色的芸芸众生中的每一个体，都是在特定的时空中占有自己的位置的物质实体。每一个体都是独一无二的，而这种独特性本身便是值得肯定的价值。

将曹丕的观点置于相关背景之下理解会更清楚。据笔者所知，似乎还没有人认真关注过如下事实，即促使曹丕写这篇论文的真正原因是想要纠正自古以来"文人相轻"的陋习。他以当时著名的建安七子为例说明自己的观点，认为七位文学家由于天赋之气各异，作品的特征也非常不同。然而，无论他们的作品多么不同，他们在成就上却是平等的。曹丕说："咸以自骋骥骡于千里，仰齐足而并驰。以此相服，亦良难矣！"[95]

这里可以简单地比较一下曹丕和孟子的看法。从上文所引可知,孟子认为气诞生于累积的义。如果一个人懂得如何养成它,就可能得到它,否则将一无所获。气一旦崩溃,则无法发挥作用。任何人获得的气都是同一种,有人获得的可能多一点,有人可能少一点,或者一无所得,但不可能以某些不太好的气或者坏的气作为替代。显然,对孟子来说,气仅有一种,便是高尚的道德之气。

这种气的概念与儒家道德理想相当契合,总是需要有一个高高在上的完美而单一的原型,好用来规范各种不同的存在。相比之下,曹丕并没有看到这种一元的道德高尚之气,正如宇文所安(Stephen Owen)所指出的,曹丕在这里主要关心的不是道德,他更感兴趣的是别的东西,比如说个体怎样才能通过文学达到"寄身于翰墨,见意于篇籍"[36]。

对曹丕来说,气的存在形式是多种多样的。相对笼统地说,气有清和浊之分。谈到个体作家之气,曹丕则将其分得更加精细,使用各种修饰语,如"齐"[37]"高妙"[38]"逸"[39]等,用来呈现不同类型之气的特质。某些气可能对某些人更具吸引力,但很难说这些就是更好的气。在曹丕这里,只有自然的、与众不同的气,而不存在道德意义上的好的或坏的气。任何试图培养自然之气的想法,不仅是不可能的,而且根本就无关紧要。

曹丕思想的重要意义在于强调了气的多样性和自然、非功利性,这一点的确太重要了。他恰逢处在儒家思想衰落,而所有知识领域人类思想开始解放的时代。随着自我意识的觉醒,人们开始对旧有价值标准的有效性产生怀疑。例如,评判一个人的时候,从人的本身去寻找说明他本质的特征,而不是求助于外部强加的道德或伦理考量的抽象品质。这一趋势的最佳案例见于《人物志》，一本曹丕同时代评论家刘劭所著的"人格品鉴"。

牟宗三对《人物志》的研究注意到，此书最重要的特点是，对个人天赋非常感兴趣，而忽视道德伦理问题。因此，此书基本不涉及道德卓越的圣人，而是对具有坚强性格的生动个体，即所谓的"英雄"津津乐道[⑩]。此类人物遵从自己的本能直觉，并完全呈现出他们原始的、本真的天性[⑪]。尽管牟宗三很难接受该书品鉴人物的方式[⑫]，他仍准确地指出了《人物志》并非道德评价之书，而是关于生命个体、人类的活力与生命力的审美欣赏之书。这是真正将人作为生命的承载体的研究。

曹丕的《典论·论文》揭示了他那个时代的本体关注，用宇文所安的话说，即"阐明了显见于时代文学和其他知识活动领域的新关注"[⑬]。曹丕借着他关于气的著名言论，宣告了文学独立于政治伦理说教传统之外。文学的最主要功用是充分发挥作家个体的身体与生理活力，换言之，正是各种不同形式的个体生命力赋予了文学丰富的多样性，文学才有了真正的生命力。这是中国历史上文学第一次被视为文学，也是文学第一次被定义为审美的，而不是道德的事业。

由于曹丕的阐述言简而意丰，又由于后来的文学理论家随心所欲地使用"气"，却懒于去界定它，似乎该术语之所指是唯一且恒定的，因此一直存在一种误解，认为曹丕在《典论·论文》中提出的某些思想萌芽，后来得到了文学理论家如刘勰（466？—532？）的发展与补充，最终，在唐代的一群古文家——其中有韩愈（768—824）这样的巨擘——的手上获得完善，成为一套系统的关于气的文学理论⑮。

这种进化论的观点存在不少严重的问题,简言之,中国文学中气的概念的发生和演变并非一个由低到高的单线条发展过程。尽管笔者承认曹丕《典论·论文》中的论述很简洁,许多他没有触及的问题在刘勰的《文心雕龙》中得到了详细的讨论,但并不能够因此推断曹丕的思想得到了刘勰的发展与补充。虽然曹丕和刘勰思想的哲学基础都可以追溯到早期文本,如《管子》中提出的气的唯物主义概念,但是他们在谈论气的时候,思维方法其实非常不同,可以说是各自在讨论着自己关注的问题。

刘勰《文心雕龙·体性》篇云:

> 若夫八体屡迁,功以学成,才力居中,肇自血气;气以实志,志以定言,吐纳英华,莫非情性。⑯

刘勰阐述的是气充实志,然后志决定了表达,听上去很像前文所引管子的表述:"气,道乃生,生乃思,思乃知,知乃止矣。"但二者有一个微妙的不同,《管子》所强调的是因果链关系,因果链中的决定性因素毫无疑问就是气。而刘勰的阐释却很大程度上扭转了因果链,使得链接之间的关系本质被改变了。气因为充实志变成志的物质支持,换言之,气将权力移交给了志,以便志来行使控制权。由于受到志的精神与理性控制,我们知道文学表达(言)就不只由生理活力构成了。因此,徐复观注意到,当刘勰说文学的表达无非情性的散发时,他所谓的情性已经不只是直观的生命活力,还意味着理性的控制⑰。接下来顺理成章的是刘勰在段落开头声称的，文学能力需要通过学习而获得，显然这一说法曹丕是不会同意的。

因此，关于气的理论，刘勰并不同于曹丕。曹丕认为文学中的气是无法通过有意识的努力而获得的，而刘勰却多次在《文心雕龙》中谈到作者应该怎样养成他的气，从而体现于写作中。虽然刘勰的养气思想不像孟子那样以道德为导向，但他与曹丕还是有一关键的不同，他相信气是可以养成的，从而为心神控制直觉打开了大门。

笔者非常不愿意说刘勰认为曹丕的思想有错误或者有缺陷，因而有必要修改或者完善他的命题。仔细阅读刘勰的文章会发现，一方面刘勰被自由身体之气的强大力量深深吸引，这对曹丕的文学理论无疑是意义重大的；另一方面，刘勰深知他这本书的任务，某种意义上是"作家手册"（"雕"就意味着教给人们如何刻画或修饰作品），因此必须将气在文学构思中的功能解释为可执行的程序，其中，主观意识不论多么不可捉摸，在一定程度上都要有迹可循[16]。他只是朝曹丕行了个注目礼，然后便自行其是，讨论他所认为重要的问题。简言之，他并没有沿着曹丕的思路去讨论气，因而也就谈不上发展了曹丕的思想。

古文派批评家也没有发展曹丕的思想。如果说刘勰与曹丕关于气的讨论，尽管各自的重点不同，二者却都源自《管子》的唯物主义哲学观，那么唐代的古文倡导者及其后世追随者则是孟子的精神继承人。像孟子一样，古文派批评家也相信，气生于义的累积，与道、义一同运行。梁肃（753—793）作为古文运动的先驱，将气与道联系在一起[17]，认为气来自美德的积累[18]。韩愈则指出，养气之正道是"行之乎仁义之途，游之乎诗书之源"⑩。古文派的后世追随者重申了这一思想，兹举一例，即章学诚（1738—1801）的评论："古之能文者，必先养气。养气之功，在于集义。"⑪所以归根结底，古文派批评家认为气代表着道德力量，而非曹丕《典论·论文》中大力强调的个体的身体活力。

由于古文运动也是一场文学风格的改革，古文家所论说的气不可避免地也与文学构思艺术紧密相关。现代学者的研究已经揭示，当古文家论及文学作品中的气时，常常是从非常具体可感的东西开始的。例如，他们喜欢讨论听觉效果，有时候甚至讨论字声配置的视觉效果，如文字的力度、节奏及连贯与流畅度等⑫。以下韩愈的这段论述甚是有名：

> 气，水也；言，浮物也。水大而物之浮者大小毕浮。气之与言犹是也，气盛则言之短长与声之高下者皆宜。⑬

一方面，气被看作言的物质支持；另一方面，言与声的物质形式允许气的表达是有形而具体可感的。

韩愈同时代的李德裕（787—850）也试图用比喻来描述气的律动：

> 然气不可以不贯，不贯则虽有英词丽藻，如编珠缀玉，不得为全璞之宝矣。鼓气以势壮为美，势不可以不息；不息则流宕而忘返。亦犹丝竹繁奏，必有希声窈眇，听之者悦闻；如川流迅激，必有洄狀逶迤，观之者不厌。⑭

可见古文派批评家对文学作品的物质性确实是非常敏感的,例如词句的长度、声音的高度,以及行文的节奏等,因而他们很容易理解这些作品所表达的物质之气。部分批评家还注意到,对这些文学中的物质品质的解释取决于作家的个性。然而不幸的是,他们早已习惯的对儒家说教传统的强烈认同,导致他们经常把作家当作道义的载体,而不是鲜活的个体。也因此,决定古文写作质量的物质性因素总被归功于深藏在作者内心的道德上的正气,而非个人体质。

如此看来,古文派批评家与试图用精神的"浩然之气"来改变物质之气的孟子存在有趣的相似之处。然而,在古文派批评家这里,我们已经感受不到孟子论说浩然之气那种儒学大师的诚恳与信心。他们对文学写作的物质特征的描述往往非常精准老练,而对这些特征的道德阐释则显得空洞,因为太渴望满足道德要求,以至于不够真实与真诚。或者我们也可以换一种方式来说,这些批评家并非没有意识到文学创作的物质性与作家性情之间的关联,但正是他们对单一的道德崇高之气的信仰,妨碍了他们对作家个人化的物质之气进行仔细深入的探讨。他们选择避开更艰难的任务,仅仅满足于在文字层面来讨论文学写作中的物质性因素。

对文学写作中的生动之气的探究,无法单靠道德信条来完成。甚至有些古文批评家也发现了这一点,因此他们把目光从养浩然之气移到其他地方,试图找到问题的解答。苏辙在《上枢密韩太尉书》中写道:

> 太史公行天下，周览四海名山大川，与燕、赵间豪俊交游，故其文疏荡，颇有奇气。[15]

苏辙从司马迁的写作中发现了"奇气"。"奇"这个特别的定语显示了该气是个人化的气，是极易与作家的"心理—生理"构成相联系的个人特质，而不是那种与道义紧密相连的、一元的道德高尚之气。由于奇气的获得是通过与自然和性格杰出之人的接触，而不是通过读古圣贤之书这一事实，使得奇气的非道德性被强调了。不妨把苏辙的话当作一次小心的试探，看看一个人究竟能离开儒家正统多远，但是其想法的异端味道，已经足以引起孟子和韩愈的忠实追随者的注意了。郝经（1223—1275）是元代的新儒家学者，他直接批评苏辙说，浩然之气是崇高的，与天地合为一体，因而它的养成不需要借助山川[16]。但是，郝经显然没有意识到问题的要害，令苏辙如此仰慕的奇气与孟子的浩然之气其实有着本质的不同。

在本章前面部分，笔者已经较为详细地讨论过起于晚明并一直延续至清代的新个人主义意识在文学领域的发展。并非偶然的是，与此同时，一群作家、艺术家和批评家对包括文学、绘画和书法等艺术形式中表现出来的个性奇气产生了强烈的兴趣。例如，晚明以肯定至情而闻名的剧作家与批评家汤显祖（1550—1616），便痴迷于活泼奇特之气，即由苏辙首先提出的话题。汤显祖说："天下文章有生气者，全在奇士。"[17]他也相信，成功的写作依赖"自然灵气"[18]。

事实上，在汤显祖的时代，人们感兴趣的不只是这种"积极正面"的奇特之气，如奇气、生气、灵气，还有其他种种稀奇古怪之气。在唐志契（1579—1651）汇编的《名人画图语录》中，我们发现了如下戴冠卿写的有趣文字，其中认真讨论的对象甚至包括"颠气"：

> 画不可无骨气，不可有骨气。无骨气便是粉本，纯骨气便是北宗。不可无颠气，不可有颠气。无颠气便少纵横自如之态，纯是颠气便少轻重浓淡之姿。不可无作家气，不可有作家气。无作家气便嫩，纯作家气便俗。不可无英雄气，不可有英雄气。无英雄气便似妇女描绣，纯英雄气便似酒店账簿。[19]

这段话告诉我们的最重要的一件事是，其所列举的各种气本身并不带价值判断。虽然作者使用了说教式语言，并警告某种气过多或过少，都可能影响绘画的艺术效果，但他确实清楚地表明，各种气本身都无所谓好坏。骨气和英雄气通常是和强壮有力联系在一起的，在这里却被中性化了，它们并不一定优于颠气。这些不过是反映不同艺术家个性特征的风格特质。

似乎该时期的艺术批评家特别青睐这样的语汇。王概（1645？—1710？）《学画浅说》云："笔墨间宁有稚气，勿有滞气；宁有霸气，勿有市气。"[20]松年（1837—1906）也说过差不多的话："宁有稚气，勿涉市气；宁有霸气，勿涉野气。"[21]而范玑（1821？—1850？）《过云庐画论》则列出了绘画所表现的各种各样的气，包括名士气、古气、衰气、霸气、野气等[22]。清末著名批评家刘熙载（1813—1881）尝试比较书法中的一系列气之间的差异——士气、妇气、兵气、村气、市气、匠气、腐气、伧气等[12]。

从这些批评家给各种气精心选择的修饰语可以明显看出，他们倾向于给气进行等级排序，但同样明显的是，他们这么做是出于审美，而不是道德考量。他们对气的理解与孟子相去甚远，而其津津乐道的各种气正是古文派批评家所竭力回避的。他们所关注的不是那一元的道德崇高之气，而是带着某个修饰语的气。通过给个性化的气添加具体的修饰语，他们承认了气的多元性，并揭示了他们真正的兴趣所在——以最充盈和多元的形式，呈现每一个个体本身富有身心活力的文学表达。若真想找到能继承曹丕的人，应当就在该时期了。

读到这里，你应当已经了然为何辛弃疾的独特之气会引起清末批评家的特别关注了。正如笔者之前说明的，辛弃疾的气如此令人难以抗拒，是由于它们独一无二的特质。我们还记得批评家从他身上发现的一长串带着修饰词的气：英雄气、真气、奇气、霸气、豪放气、狂傲气等。诸多的气并非全都道德正确，事实上，若衡以儒家文学传统的标准，它们多数会遭到非议。但是，上述诸气散发出来的力量与活力如此强大，带给人们快乐与兴奋，从而亦产生了审美愉悦。

这也很好地解释了为何有些批评家对辛弃疾的态度始于挑刺与不满，却终于热烈的崇拜。这里回顾笔者最喜爱的若干例子：陈廷焯评论苏轼词全是王道，而辛弃疾词还兼有霸气；谭献评论苏轼是衣冠伟人，而辛弃疾是弓刀游侠。苏、辛之间的这种生动对比，令我们想起孔子对韶乐和武乐的评论："子谓《韶》，'尽美矣，又尽善也'。谓《武》，'尽美矣，未尽善也'。"[13]《韶》是舜帝时代的雅乐，当它演奏于古圣帝舜的宫廷时，和谐的声音引得凤凰都飞下来翩翩起舞[15]。而《武》则是周武王时的一种尚武艺术，由士兵拿着红色的盾牌和玉质阔斧表演武术舞蹈[16]。在孔子看来，韶乐体现了古圣贤的最高美德，非常适用于礼仪，其尽善尽美，以至于他听了韶乐后，三月不知肉味[17]。而武乐则显示了王权之强大和早期人们的尚武精神，因此它非常令人振奋和愉悦，可谓"尽美矣"。但是由于其作为武力征服的展示，与儒家仁的精神不和谐，因此便不够善。所以孔子认为艺术不能与伦理分开，在他看来，韶乐无疑是优于武乐的。

然而，对像陈廷焯和谭献这样的批评家来说，苏轼与辛弃疾的词孰优就很难说了。陈廷焯说："感激豪宕，苏辛并峙千古。然忠爱恻怛，苏胜于辛；而淋漓悲壮、顿挫盘郁，则稼轩独步千古矣。"[18]苏轼仁义而温和，如日本学者吉川幸次郎（Kojiro Yoshikawa）所指出的，因其"浩瀚而自由的精神"被仰慕[19]，他的诗歌表达看起来"几乎太轻松"[20]和宁静。而辛弃疾与之不同，他有时候很痛苦，有时候很愤怒，总是锋芒外露。其词以过度的情绪化表达而闻名。由此可见，王道与霸气的区别相当明显。苏轼的王道正如音乐中的《韶》，可以尽善尽美。而辛弃疾的霸气呢？却带着那种《武》乐令人不安的力量，似乎没有那么完美。十八、十九世纪的批评家并非儒家道德主义者，对他们来说，极具尊严的"衣冠伟人"可能并没有特别的吸引力，反而是自然天成的、几乎真实可感的"弓刀游侠"却定然极富魅力。

带着弓刀的不羁与执拗的辛弃疾，引得人们在过去的八百年里一直讨论着他。可能有诋毁者，但也有更多崇拜者。无论是否喜爱他，无论谈论的是他的豪放举止、真性情、奇气，还是霸气，人们无疑都对这些共同特征印象深刻：一个真实可感的躁动不安的个体和一种非凡奇特气质的粗犷之美，这是他区别于其他词人的最为突出的特征。

本章或许应跟接下来的两章调换一下位置，因为对诗人的特质的讨论照理应当在细读作品之后进行。但是目前这样的顺序安排，或许也有好处。本章所论的各式各样的气对读者是一种提醒，使你们接下来的阅读更有明确的目标，可以随时留意到词人通过其狂放的自我形象和咄咄逼人的言语所强力表达出来的迷人的真气、奇气、霸气。然后，希望你们就能自行判断前面提出的观点是否有价值。

注　释

① 参见张炎《词源》和沈义父《乐府指迷》对辛弃疾词的评价，夏承焘《词源注》，第32页；蔡嵩云《乐府指迷笺释》，第75—76页。
② 学者一般认为张綖（1487—1543）是最早使用"豪放"和"婉约"来描述不同词风的评论家之一，关于该问题的详细讨论，可参见刘石《苏轼词研究》，台北：文津出版社1992年版，第35、53—55页。然而，现代学者中最早赋予这两个术语新含义，并以此将宋词作者干脆地分为两派的，当然是胡云翼（参见《绪论》部分的注释）。在胡云翼之前，豪放和婉约或用于谈论词人的技术手段，例如词韵或词乐特性等，或用于谈论表达方式的问题。但在胡云翼将豪放与婉约对立起来形成系统化表达之后，两个术语的内涵已经改变。如胡云翼所说，整个豪放与婉约的问

题并非"单纯的形式"问题,而是关乎词作"思想内容"的问题。换言之,此前人们使用这两个术语是讨论词和文学的,而现在胡云翼使用它们,谈论的首先是思想意识,而不是文学。同样两个术语,其关注点已经发生微妙的转移。万云骏认为胡适和胡云翼,尤其是胡云翼,建立了豪放派与婉约派划分的理论(参见万云骏《论近人关于宋词研究的一些偏向》,第787—789页)。而吴世昌在其两篇论文《有关苏词的若干问题》(第43页)和《宋词中的"豪放派"与"婉约派"》(第20—21页)中说,这种将宋词作者划分为两个阵营的做法是最近才有的一种现象。尽管他在文章中避免进行指责,但是从其评论的背景,以及根据施议对的说法(《吴世昌传略》,第54页;《词体结构论简说》,第4—5页),不难发现,吴世昌将胡适和胡云翼视为这种有害做法的始作俑者。曾枣庄批评吴世昌的观点,争辩说在二胡提出他们的理论之前,豪放与婉约早已用于词学批评(参见《苏轼与北宋豪放词派地位辨——与吴世昌先生商榷》,《四川大学学报》1985年第1期,第79—85页)。曾枣庄似乎没有明辨这两个术语在被二胡挪用前后的确切含义。

③ 此处要感谢罗郁正,正是他对这些词(如"英雄""豪杰""风流"等)的细致考察,启发了笔者在下文去探寻"豪"与"放"的内涵。参见 Irving Lo, *Hsin Ch'i-chi,* pp.58—61.

④ 或由于此原因,刘若愚(James Liu)和宇文所安(Stephen Owen)在翻译"豪放"这一术语时(司空图《二十四诗品》所用),都避免使用"英雄主义",而是各自选择了中性价值的词语"有力而自由"与"极度的狂热"。参见 James Liu, *Chinese Theories of Literature*, Chicago: The University of Chicago Press, 1975, p. 35; Stephen Owen, *Readings in Chinese Literary Thought*, Cambridge and London: Council on East Asian Studies, Harvard University, 1992, p.329.

⑤ 苏辙《栾城三集》卷八,陈宏天、高秀芳点校《苏辙集》,北京:中华书局1990年版,第3册,第1228页。

⑥ 参见本章第二条注释。

⑦ 最有名的例子是李清照(1084—1155?)对苏轼词的批评,认为苏词同晏

殊（991—1055）和欧阳修（1007—1072）词一样"往往不协音律者""皆句读不葺之诗尔"。参见李清照《词论》，郭绍虞《中国历代文论选》，上海：上海古籍出版社1979年版，第189页。

⑧ 参见吴曾《能改斋漫录》，唐圭璋《词话丛编》，台北：广文书局1967年版，第2册，第469页。

⑨ 陆游《老学庵笔记》卷五，《陆放翁全集》，上海：国学整理社1936年版，第2册，第33页。

⑩ 例如清代词评家陈廷焯（1853—1892）说过，细察辛弃疾词，其与曲体结构相密合（"细按之，格律丝毫不紊""合拍妙处不可思议"）。参见陈廷焯《云韶集》，刘扬忠《辛弃疾词心探微》附录二《历代词评》，第313页。现代学者詹安泰也认为辛弃疾从未突破严格的词体音律。参见詹安泰《宋词发展的社会意义》，华东师范大学编《词学研究论文集》，上海：上海古籍出版社1982年版，第211页。

⑪ 详参龙榆生《词曲概论》，上海：上海古籍出版社1980年版，第107—124页。

⑫ 《词源注》，第32页。

⑬ 《词源注》，第29页。

⑭ 孔子说："恶郑声之乱雅乐也"（《论语》卷十七，第十八则）。

⑮ 参见秦寰明《略论宋词的复雅》，《学术研究》1985年第3期，第90—94页；韩经太《清真、白石词的异同与两宋词风的递变》，《文学遗产》1986年第3期，第93—101页。

⑯ 例如南宋早期署名鲖阳居士所编词集命名为《复雅歌词》，而1147年曾慥所编词集则命名为《乐府雅词》，详参秦寰明《略论宋词的复雅》，第92页。

⑰ 张炎极力称赞苏轼词"清丽舒徐"的品质，参见《词源注》，第30页。

⑱ 例如《词源》序中的论述，参见《词源注》，第9页。

⑲ 关于苏轼词的这一评价出自陈师道（1053—1102）《后山诗话》，参见汲古阁本《后山诗话》，第11页。

⑳ Grace Fong, *Wu Wenying and the Art of Southern Song Ci Poetry*, Princeton:

Princeton University Press, 1987, p.52.
㉑ 同上。
㉒ 《词源注》，第29页。
㉓ 同上，第23页。
㉔ 前文我们已指出张炎引用《诗大序》中的文字来支持他的审美观点。这里他再次求助于儒家经典。"乐而不淫"出自《论语》（卷三，第二十则）。孔子在评价《诗经》第一首诗《关雎》的优点时说道，人们可以从中感受到"乐而不淫，哀而不伤"。这段话很好地阐释了中庸原则，代表了儒家诗学中美的最高标准。
㉕ 参见 Grace Fong, *Wu Wenying and the Art of Southern Song Ci Poetry*, p.52.
㉖ "写"字此处同"泻"，发音亦同"泻"，意思是"（水流）倾泻而出"或者"情感宣泄"。联系上下文，这里应表示"宣泄表达"。
㉗ 序的全文参见江润勋《词学评论史稿》，香港：龙门书店1966年版，第50页。
㉘ 晏几道和秦观都是以柔婉精美之词著称的北宋词人。刘克庄的这段话出自《辛稼轩集序》，参见刘克庄《旧本稼轩词序跋》，刘扬忠《辛弃疾词心探微》附录一，第250页。
㉙ 刘辰翁《辛稼轩序序》，段大林编《刘辰翁集》，南昌：江西人民出版社1987年版，第178页。
㉚ 同上。
㉛ "浙西"指的是浙江西部（今属浙江省）。
㉜ 姜夔（1155？—1209？）和史达祖（1163？—1220？）都是南宋醇雅风格的词人，姜夔被张炎《词源》尊为"清空"的最高典范。这两句话出自朱彝尊《水调歌头》词，《江湖载酒集》卷二，李富孙刻本，第16页。
㉝ 周济《宋四家词选目录序论》说，词要臻于完美，可通过"问涂碧山，历梦窗、稼轩，以还清真之浑化"。参见唐圭璋《词话丛编》，台北：广文书局1967年版，第5册，第1630页。
㉞ 参见周济《介存斋论词杂著》，《词话丛编》，第5册，第1626—1627页。
㉟ 陈廷焯《放歌集》卷一，《词则》，上海：上海古籍出版社1984年版，第

17—18页。
㊱ 谢章铤《词话》一,《赌棋山庄所著书》卷十五,南昌 1885 年刊本,第 10 页。
㊲ 况周颐《蕙风词话》卷一,王幼安、徐调孚编《蕙风词话·人间词话》,北京:人民文学出版社 1982 年版,第 16 页。
㊳ 王国维《人间词话》,王幼安、徐调孚编《蕙风词话·人间词话》,第 213 页。
㊴ 这令我们记起本章开头关于豪放含义的讨论。豪放在某种情况下意味着英勇和不羁,在另一种情况下则可能意味着专断与放荡。
㊵ 性的意思是自然,情的意思为情感。最早将性、情组合成双音节词使用见于《庄子·缮性》和《易经》第一篇《乾》。《诗大序》的作者用性情表示普遍的人性。据刘若愚言,性与情的组合,无论是性情,还是情性,都是刘勰的《文心雕龙》首次在文学批评中用来表示个人天性。参见 James Liu, *Chinese Theories of Literature,* Chicago: The University of Chicago Press, 1975, p.35. Stephen Qwen, *Readings in Chinese Literary Thought,* p.74.
㊶ 罗郁正关于中国诗歌豪放模式的评论——尽管并不是专门针对辛弃疾——依然有助于我们更好地理解这个问题。罗说:"如果缺少由特殊机缘触发的真情实感,那么这一类诗句(英雄主义的诗句)会沦为喧嚣或滥情;反之,毫无机心的不得不然与由衷的坦诚却可以让诗歌中的豪言壮语以无与伦比的雄辩直击人心。"参见 Irving Lo, *Hsin Ch'i-chi,* p.58.
㊷ 作为文学批评术语,"性情"最早出现在 502 年前后成书的《文心雕龙》中。参见本章前文的注释。
㊸ 参见王国维《人间词话》,王幼安、徐调孚编《蕙风词话·人间词话》,第 197 页。
㊹ 典型例子如沈德潜(1673—1769)强调政治与伦理功能的文学批评。参见敏泽《中国文学理论批评史》,北京:人民文学出版社 1981 年版,下册,第 904—913 页。
㊺ 沈祥龙《论词随笔》,《词话丛编》,第 12 册,第 4066 页。
㊻ 叶嘉莹不无遗憾地指出,王国维不喜欢雕琢的、间接的表达,这导致他

对以精工著称的词人如周邦彦、吴文英之词有所贬低。她的遗憾是有道理的。参见叶嘉莹《唐宋词十七讲》，长沙：岳麓书社 1989 年版，第 305—306 页。

㊼ 王国维《人间词话》，王幼安、徐调孚编《蕙风词话·人间词话》，第 198 页。

㊽ 同上，第 197 页。

㊾ 顾学颉校点《随园诗话》，北京：人民文学出版社 1982 年版，上册，第 74 页。

㊿ 李贽因此被狄百瑞称为“极具独立个性之人”。参见 William Theodore de Bary, “Individualism and Humanitarianism in Late Ming Thought,” in De Bary, ed., *Self and Society in Ming Thought*, New York: Columbia University Press, 1970, p.188.

(51) 李贽《童心说》，《焚书 续焚书》，北京：中华书局 1975 年版，第 98 页。当然，这一说法实脱胎自孟子的“大人者，不失其赤子之心者也”（《孟子》卷八，第十二篇）。

(52) 同上，第 99 页。

(53) 同上。

(54) 同上。

(55) William Theodore de Bary, “Individualism”, *Self and Society in Ming Thought*, New York: Columbia University Press, 1970, p.196.

(56) 李贽《读律肤说》，《焚书 续焚书》，第 132 页。

(57) 关于袁宏道与李贽的关系，详参 Hung Ming-shui（洪铭水）, “Yuan Hung-tao and the Late Ming Literary and Intellectual Movement,” Ph.D. diss., University of Wisconsin at Madison, 1974, Chapter2, pp.45—93.

(58)“灵”表示心灵或心智，对袁氏兄弟而言，灵表示心智，甚至意味着慧黠之气，也可表述为趣，刘若愚将其译为“gusto”（James Liu, *Chinese Theories of Literature*, p.81）。袁宏道对趣有生动的描述：“世人所难得者唯趣。趣如山上之色、水中之味、花中之光、女中之态……夫趣得之自然者深，得之学问者浅。当其为童子也，不知有趣，然无往而非趣也。”（《叙陈正甫会心集》，钱伯城《袁宏道集笺校》，上海：上海古籍出版社

1981年版，第3册，第463页。）笔者同意刘若愚关于趣的观点，它好似个人天性中那种难以言说的品位，亦可理解为性情——个人天性中的某种表现（James Liu, *Chinese Theories of Literature*, p.81）。值得注意的是，袁宏道以天真的童子来阐释趣，让人想起李贽的"童心说"。

(59) 袁宏道《叙小修诗》，钱伯城《袁宏道集笺校》，第1册，第187—188页。

(60) 同上，第188页。

(61) 参见本章第五十八条注释。

(62) 袁宏道《叙小修诗》，钱伯城《袁宏道集笺校》，第1册，第188页。

(63) 李贽的书在他晚年被禁，直到明末清初还未解禁。清初著名思想家、学者黄宗羲、顾炎武（1613—1682）和王夫之（1619—1692）也加入了对李贽无休无止的批评。参见 William Theodore de Bary, "Individualism", *Self and Society in Ming Thought*, pp.213—217. 关于对袁氏兄弟的攻击，参见李泽厚相关讨论，李泽厚《华夏美学》，香港：三联书店1988年版，第178—179页。

(64) 刘若愚认为金圣叹是李贽和袁宏道的思想继承人（*Chinese Theories of Literature*, p.82）。金圣叹的文学思想详参 John Ching-yu Wang（王靖宇）*Chin Sheng-t'an*. New York: Twayne Publishers, 1972, Chapter 3，pp.39—52.

(65) 钱谦益相当重视个人本真的情感，称赞那些表达了极端情感如"真好色""真怨诽"的诗篇（钱谦益《季沧苇诗序》）。尽管他批评了袁氏兄弟的某些观点，但其思想其实受到了他们和李贽的影响。参见赵伯陶《清代初期至中期诗论刍议》，《文学遗产》，1984年第2期，第31页。

(66) 有关贺贻孙的诗论《诗筏》，以及他对袁宏道性情理论继承和发展的扼要评论，可参见张连第《中国历代诗词曲论专著提要》，北京：北京师范大学出版社1991年版，第228—231页。

(67) 必须指出，黄宗羲关于性情的看法要比上述其余几位更加传统。例如，他说，"万古之性情"优于个人的"一时之性情"，应以儒家的性情为性情（《马雪航诗序》卷四，《南雷文约》1718年刻本，第50页）。然而，他对该论题的执着，表明他也认识到，随着社会文学氛围的改变，性情的传统释义已经不足以解释当下的文学实践。事实上，由于他的讨论将真实的情感与虚假的、刻意的情感做了区分，的确令该术语具有了个人主义的内涵。参见蔡钟翔等《中国文学理论史》，北京：北京出版社1991年版，第1册，第107—110页；敏泽《中国文学理论批评史》，下册，第790—799页。

(68) 沈德潜的例子也颇具意义。如前文所提到的，作为儒家正统的坚定拥护者，沈谴责袁氏兄弟背离了儒家诗歌传统。他多次强调“诗之真者在性情”（蔡钟翔引《南园唱和诗序》，《中国文学理论史》，第4册，第452页），“诗贵性情”（蔡钟翔引《说诗晬语》，《中国文学理论史》，第4册，第453页）。然而，在他看来，性情并不意味着个体的自然天性；相反，意味着为道德准则所规范与协调的情感，他刻板地坚守以中庸作为诗歌的基本原则。显然，沈试图从袁宏道之类的异端手中夺回性情，使其回归诗言志的传统。性情成了令正统批评家都无法忽视的问题。某些评论家认为，王士祯（1634—1711）的诗歌理论“神韵”说也是性灵理论的变体形式，因为神韵就是从先天的性情派生出来的（赵伯陶《清代初期至中期诗论刍议》，《文学遗产》，1984年第2期，第32—33页）。无论如何，由于王士祯神韵理论强调直观反应和个人音色，我们可以说，它与上述围绕性情核心的诸多理论起码是不矛盾的。

(69) 一些批评家认为，袁枚理论的出现是市民阶层意识形态复萌的结果。袁枚并不孤单，追随他的还有赵翼（1727—1814）和吴雷发（清末），他们也都倡导文学中的真性情。参见蔡钟翔等《中国文学理论史》，第5册，第512—516页，第568—569页。

(70) 郭绍虞详细讨论了袁枚与袁宏道性灵理论的不同，参见郭绍虞《中国文学批评史》，上海：商务印书馆1950年版，第3册，第617—624页。

(71) 顾学颉校点《随园诗话》，北京：人民文学出版社1982年版，上册，第234页。

(72) 同上，上册，第216页。

(73) 袁枚《续诗品》，周本淳《小仓山房诗文集》卷四，上海：上海古籍出版社1988年版，第1册，第490页。

(74) 李泽厚《华夏美学》引袁枚《再答李少鹤书》，香港：三联书店1988年版，第178页。关于温柔敦厚的评价出自孔子《经解》，《礼记》卷八，第二十六篇。

⑦⑤ 周济《介存斋论词杂著》，《词话丛编》，第5册，第1627页。

⑦⑥ 陈廷焯《白雨斋词话》，《词话丛编》，第11册，第3814页。

⑦⑦ 同上。

⑦⑧ 同上。

⑦⑨ 陈廷焯《云韶集》卷五，刘扬忠《辛弃疾词心探微》附录二，第311—312页。我们已经看到，张炎用"豪气"来评价辛弃疾。笔者在本章开头部分已经说明，"豪"可以表示不同的褒义或者贬义，例如英雄的、无拘无束或者狂野。显然张炎用的是其贬义，而陈廷焯这里的"英雄之气"则完全用褒义，表示纯粹的英雄气概。

⑧⓪ 友情提示：苏、辛两位词人有太多的不同之处，接下来的两章会对他们的词作进行仔细的对比考察，而本章仅根据他们的相关批评略做比较。

⑧① 陈廷焯《白雨斋词话》，《词话丛编》，第11册，第3814页。

⑧② 陈廷焯《云韶集》卷五，刘扬忠《辛弃疾词心探微》附录二，第313页。

⑧③ 同上。

⑧④ 谭献《复堂词话》，《词话丛编》第11册，第3994页。熟悉刘若愚论著的读者应该知道，此处译为"游侠"的"Knight-Errant"出自刘的 *The Chinese Knight-Errant.* Chicago: The University of Chicago Press, 1967.

⑧⑤ 同上。

⑧⑥ 寇效信认为，在中国古代，气意味着生理和心理元素的结合，而更强调前者。参见寇效信《曹丕"文以气为主"辨》，《陕西师范大学学报》，1994年第2期，第68页。

⑧⑦ 凌汝亨《管子辑评》，台北：台湾中华书局1970年版，第250页。

⑧⑧ 同上，第209页。

⑧⑨ 同上，第248页。

⑨⓪ Donald J. Munro（孟旦）对这一问题有深入的讨论。参见 Munro, *The Concept of Man in Early China*, Stanford: Stanford University Press, 1969. Chapter 2, pp.23—48.

㉑《孟子》卷三，第二篇。刘殿爵（D. C. Lau）把"志"解读为"will"，本书的英文版借用了他的说法。参见 D. C. Lau, *Mencius*, Harmondsworth: Penguin Books, 1970, p.77.

㉒《孟子》卷三，第二篇。

㉓ 在孟子与公孙丑的对话中，孟子强调应该坚守志，而不应该滥用气。由于他之前已经声称气是由志统率的，所以公孙丑认为担心气会被滥用是不必要的。对此，孟子的回答是："志一则动气，气一则动志也。"孟子担心的是尽管志统率气，某些不受控制的气力量也很大，甚至具有"反动其心"的潜力。参见《孟子》卷三，第二篇。

㉔ 曹丕《典论·论文》，郭绍虞《中国历代文论选》，第60页。

㉕ 同上。

㉖ Stephen Owen, *Reading in Chinese Literary Thought*, Harvard-Yenching Institute Monograph Series, No. 30. Cambridge and London: Council on East Asian Studies, Harvard University, 1992. p.58.

㉗ 曹丕用"齐气"描述徐干（171—218）的文章，参见《典论·论文》，郭绍虞《中国历代文论选》，第60页。本书英文版对"齐"的翻译参考了郭绍虞的解释，参见郭绍虞《中国历代论文选》，第62—63页。

㉘ 曹丕描述孔融（153—208）的气为高妙，参见《典论·论文》，郭绍虞《中国历代文论选》，第60页。

㉙ 在《与吴质书》中，曹丕称赞刘桢（？—217）有逸气。参见蔡钟翔等《中国文学理论史》，第2册，第172页。

⑩⓪ 这里的英雄不能简单地译为"hero"。根据刘劭的定义，"英"指的是那些有杰出才能的人，"雄"指的是最为勇武有力的人。简言之，英和雄都是颇具行动力的人，都雄心勃勃，擅长把握最佳时机展现他们的独特才能。参见郭模《人物志及注校证》，台北：文史哲出版社1987年版，第30—31页。

⑩① 牟宗三《才性与玄理》，台北：学生书局1974年第三版，第60—61页。

⑩② 牟宗三批评《人物志》失于看到这些英雄性格的原始生命力的非理性与有害的方面。参见牟宗三《才性与玄理》，第44页。

⑬ Stephen Owen, *Reading in Chinese Literary Thought*, p.58.
⑭ 袁行霈、孟二冬《中国文学批评史上的文气论》系统地表述了这种观点，参见《中国古典文学论丛》第三辑，北京：人民文学出版社 1985 年版，第 202—232 页。徐复观在《中国文学中的气的问题》认为曹丕《典论·论文》中关于气的思想还是简单、不完备的，后来得到了刘勰的补充，参见《中国文学论集》，台北：学生书局 1974 年版，第 301—303 页。但是徐也准确地指出，唐代人所说的气已经与曹丕和刘勰的解释很不一样了，参见第 347—349 页。
⑮ 参见郭晋稀《文心雕龙注释》，兰州：甘肃人民出版社 1982 年版，第 332 页。
⑯ 徐复观《中国文学论集》，第 303 页。
⑰ 卜立德（David Pollard）的论文颇具启发性，他注意到《文心雕龙》是一本关于文学艺术技巧的书，自然"应从气在作品中的作用和对作品艺术质量的贡献的角度来看待它，而不是它赋予作品个性印迹的功能"。参见 Pollard, "Ch'i in Chinese Literary Theory", in Adele Austin Rickett, ed., *Chinese Approaches to Literature from Confucius to Liang Ch'i-ch'ao,* Princeton: Princeton University Press, 1978, p.51.
⑱ 梁肃《补阙李君前集序》说："道能兼气，气能兼辞。"因此，他认为气是道与文学表达之间的活跃介质。参见蔡钟翔等《中国文学理论史》，第 1 册，第 173 页。
⑲ 梁肃《为常州独孤使君祭李员外文》写道："惟兄孝友仁恕，高明宽裕。何德之茂，何才之富。粹气积中，畅于四肢。发为斯文，郁郁耀辉。"引自蔡钟翔等《中国文学理论史》，第 1 册，第 173 页。
⑳ 韩愈《答李翊书》，郭绍虞《中国历代文论选》，第 151—152 页。
㉑ 章学诚《跋香泉读书记》，《章氏遗书》外集，上海：商务印书馆 1936 年版，第 2 册，第 64—65 页。
㉒ 徐复观用"气势"或者动势来概括字声配置，参见徐复观《中国文学中的气的问题》，《中国文学论集》，第 340、348—349 页。卜立德详细讨论了"变""盛""贯"等概念怎样被古文家单独提出来，当作气在文章中最有价值的影响。参见 Pollard, "Ch'i in Chinese Literary Theory", pp.55—56.

⑬《答李翊书》，郭绍虞《中国历代文论选》，第152页。
⑭《文章论》，据卜立德的翻译，略有改动，参见 Pollard, "Ch'i in Chinese Literary Theory", pp.55.
⑮陈宏天、高秀芳《苏辙集》，北京：中华书局1990年版，第2册，第381页。
⑯郝经《内游》，《郝文忠公集》，潘锡恩《乾坤正气集》，泾县：秋实斋1848年刊，第7册，第3098页。
⑰汤显祖《序丘毛伯稿》，《玉茗堂文之五》，徐朔方笺校《汤显祖诗文集》，上海：上海古籍出版社1982年版，下册，第1080页。
⑱汤显祖《合奇序》，《玉茗堂文之五》，徐朔方笺校《汤显祖诗文集》，下册，第1078页。
⑲引自袁行霈、孟二冬《中国文学批评史上的文气论》，《中国古典文学论丛》第三辑，第224—225页。
⑳王概《学画浅说》，黄宾虹、邓实《美术丛书》，上海：神州国光社1947年版，第131页。
㉑松年《颐园论画》，黄复盛编《清代画论四篇语译》，南京：江苏美术出版社1987年版，第268页。
㉒范玑《过云庐画论》，黄复盛编《清代画论四篇语译》，南京：江苏美术出版社1987年版，第51—52页。
㉓刘熙载《书概》，《艺概》，上海：上海古籍出版社1978年版，第167页。
㉔《八佾》，《论语》卷三，第二十五则。
㉕"箫韶九成，凤凰来仪。"《益稷》，《尚书·虞书》。
㉖《祭统》《明堂位》篇，《礼记》。
㉗《述而》，《论语》卷七，第十四则。
㉘《放歌集》卷一，陈廷焯《词则》，第11页。
㉙Kojiro Yoshikawa（吉川幸次郎）, *An introduction to Sung Poetry*, trans. Burton Watson（华兹生）, Cambridge: Harvard University Press, 1967, p.118.
㉚同上。

第二章　狂傲的自我形象

  不恨古人吾不见，
  恨古人、
  不见吾狂耳。
  知我者，
  二三子。
——《贺新郎》

  辛弃疾称他的词为"狂歌"，但我们已经知道，其狂又作"天真无邪"解，包含"真性情""赤子之心"，以及"真气奇气"，即前章所讨论的辛弃疾之抒情自我的人格中最重要的品质。

  以下《贺新郎》词便是呈现辛弃疾之狂傲的最生动的案例：

    邑中园亭，仆皆为赋此词。一日独坐停云，水声山色，竞来相娱，意溪山欲援例者，遂作数语，庶几仿佛渊明思亲友之意云。

    甚矣吾衰矣。
    怅平生、

交游零落,
只今余几!
白发空垂三千丈,
一笑人间万事。
问何物、
能令公喜?
我见青山多妩媚,
料青山、
见我应如是。
情与貌,
略相似。

一尊搔首东窗里。
想渊明、
《停云》诗就,
此时风味。
江左沉酣求名者,
岂识浊醪妙理。
回首叫、
云飞风起。
不恨古人吾不见,
恨古人、
不见吾狂耳。
知我者,

二三子。[①]

倒数第二个乐段[②]"不恨古人吾不见，恨古人、不见吾狂耳"应是最能展现词人有多狂傲的。该乐段还是辛弃疾的一贯语气，尽管它其实巧妙地化用了两种先前的文本。其中一种文本出自《南史》所载张融（444—497），这位南朝著名的文学奇才曾经哀叹自己出生太晚，因而无法同古人争胜："不恨我不见古人，所恨古人又不见我。"[③]另一种文本，则出自发表了类似目空一切的言论的北魏河间王子元琛（497？—526？），即吹嘘自己穷奢极侈的生活方式丝毫不让西晋臭名昭著的石崇（249—300）的王子。他曾感叹："不恨我不见石崇，恨石崇不见我。"[④]七百年之后，张融和元琛都已经成为"古人"，辛弃疾却借用他们的声音发出了自己大胆的感叹。辛弃疾在重铸先前文本时，只加上了一个"狂"。显然他认为自己最可贵的资本便是狂傲，也希望自己的狂的特质备受赞赏。[⑤]可是，狂的含义究竟是什么呢？

在该词中，"吾"哀叹着浮生有限，却又通过自嘲长长的白发，幽默地接受了自己的命运。他感伤于朋友的离世，从而也明白了人生关系之无常。他从自然中寻找到了慰藉，当然，也懂得了酒的真正滋味。从这一系列的程式化抒情手法可以揣测，似乎词人所自赏的是作为隐士的"狂"。

然而，词人并非真正的隐士。他不是陶渊明再世，虽然自认为与其相似。表面上的哲人般的平静并不能掩饰其背后不安情绪的挣扎，这是一种与字面意思完全不同的"狂"。这种压抑的狂的精神自身一直竭力地想穿过字里行间冲出表面，在整首词看似低调的结尾之前，它终于以震耳欲聋的慨叹爆发出来。甚至在词的上阕，在"吾"还努力地保持着轻描淡写以及冷静叙事时，我们已经能感觉到表面沉着与内在狂野精神的张扬之间存在的张力。

该词以冷静的认命开篇，所以当词人宣称他可一笑人间万事时（第六行[⑥]），我们以为他只是对世间俗务不屑一顾。但是，我们读到下一句时，不禁开始怀疑刚才是否漏读了一些含义。词人设问：是否有令自己开心之物（第七至八行）。答案是肯定的，"妩媚"之青山相当令其愉悦（第九行）。该句化用了《新唐书》的典故。唐朝最贤能的君主唐太宗（599—649），有一次谈到其直言不讳的谏臣魏徵（580—643），由衷地说："人言徵举动疏慢，我但见其妩媚耳。"[⑦]因此，在其语境之下，妩媚的意思并非这两个带女字旁的汉字所通常意味的阴柔之美的魅力，而是令人敬重与热爱的个性魅力。辛弃疾在此处使用的手段并没什么秘密，不过是把人格特性投射到自然对象上。

在现代学者吴则虞为该词作的注中，他认为，当辛弃疾试图和青山对话时，其思想状态与绝句《独坐敬亭山》中的李白相似[⑧]：

众鸟高飞尽，孤云独去闲。
相看两不厌，只有敬亭山。[⑨]

但所谓的相似只是表面的。李白的诗强调的是，当人与自然深度交融时，二者之间无所滞碍。确切地说，是诗中之"我"主动放弃了自己的身份，因为他在山中得到了全新的自我。抒情主人公自我的淹没也反映在该诗的语言特征上，诗中自始至终没有出现"我"，而仅仅通过"相""两"暗示其存在。相比之下，辛弃疾《贺新郎》中的"吾"可是十分引人瞩目。他没有失去自己的身份，因为首先"我"与"青山"从根本上就不存在融合。当他宣布在妩媚的青山眼中他也一样妩媚时，我们便意识到这并不是一个单纯的拟人手法的运用，而是词人借助青山之口来赞美自己，从而以青山为媒介，令他的自尊心获得极大的自我满足。

如果现在回顾词人声称的"一笑人间万事"，我们应当明白了，"人间万事"或者世间万物不仅指世俗之见，还意味着俗世凡尘中的平庸。因而，词人"一笑人间万事"与接下来的问题之间的联系就变得了然了。正是词人对平庸俗世的轻蔑嘲讽，引出了该问题——（既然你认为俗世不值一提，那么）"问何物、能令公喜？"事实上，这并不是辛弃疾首次表达对俗世庸常的轻蔑。在其《满江红·建康史帅致道席上赋》词的开头，他仿效庄子《逍遥游》著名的对大鹏的塑造，描绘了一只狂傲的飞禽，俯瞰着世间万物：

> 鹏翼垂空，
> 笑人世、
> 苍然无物。[10]

《贺新郎》的"吾"身上亦带着大鹏的狂傲，唯一的不同之处在于，后者的表达是直接而张扬的，而前者的表达方式，至少在词的上阕，是迂回的。我们看到，辛弃疾一开始把自己描绘为与世无争的散人,他哀叹着自己多么衰老,声称自己远离世间的名利,并且像隐士那样寻求自然的慰藉。但是,他所说的无不带着言外之意,暗示着他与普通的隐士相去甚远。

词的下阕继续着表面宁静与暗涌的骚动之间的张力。前两句的形象化用了陶渊明的《停云》诗:期盼着朋友到来的孤独饮者,焦躁不安地搔首踟蹰,就像《诗经》中那位热切的恋人在等待情人时的样子[11]。词人以该形象再次营造了隐士的氛围,并暗示他对真朋友、知音或者同调的渴望[12]。

有趣的是,尽管这个关键的形象几乎照搬自陶渊明,辛弃疾却毫无愧色地"据为己有"了。他不想说自己像陶渊明,反而"想"彼时彼地的陶渊明应同自己此时的心情一样。显然,这种自我中心的立场与上阕的"料"青山看他多妩媚,大同小异。他竟让古隐圣陶渊明穿越遥远的历史来见他,因为他太希望有人来仰慕自己正享受的"风味"(第十七行"此时风味"的字面意思),这是一位独酌无相亲的饮者缘自其鹤立鸡群的自我感觉而带来的快感。"此时风味"的使用表明他多么珍视这特别的时刻,只想延长此瞬间并细细地品味它。

也正是由于该原因,接下来两句,词人带着轻蔑嘲笑那些"江左沉酣求名者"。他之所以如此鄙视与陶渊明同代的假名士,固然与假名士们企图以酒沽名的装腔作势有关,但更重要的原因是,假名士之可憎在于他们根本不配其所追求的名声。词人激烈地反问,他们"岂识浊醪妙理?"在他看来,他们根本没有权利装作懂得狂者的独特风味。

具有讽刺意味的是,当词人嘲笑求名者时,他自己就是个求名者，且防范着有可能跟他分享声望的人，这个声望其实也是他赋予自己的。似乎为了说明自己与芸芸众生有多么不同，他突然做了一个与本词起首那甚矣衰矣的隐士大异其趣的极为夸张的动作，"回首叫、云飞风起"（第二十至二十一行）。评论者已经准确地指出，该句的后半部分出自据说是汉高祖刘邦（前256？—前195）衣锦还乡时所作的《大风歌》[13]。但极少有人知道该句前半部分也有一处用典，感谢俞平伯先生为我们指出，词中"回首叫"引自杜甫《同诸公登慈恩寺塔》诗中的一联：

回首叫虞舜，苍梧云正愁。[14]

在这首杜诗中，诗人哀叹其时道德沦丧，于是回首呼唤古圣贤舜，希望他能重建传统美德与秩序。但是，古人当然是没法唤回的，诗人唯一能看到的是笼罩着圣王墓地的愁云。

该典故的发现有助于我们更好地解读辛弃疾的词句。如我们所见，辛弃疾声称自己是唯一清醒地识得浊酒真风味的饮者，由此强调自己的独一无二，从鄙俗不堪的世间脱颖而出。他渴望得到特殊的认可。由于周围的人皆污浊，他只能把目光从他们身上移开，像杜甫那样回望古人。《大风歌》的典故就是在这个意义上开始发挥作用，其中盖世英雄的伟岸形象被辛弃疾借来表现他的召唤古人的有力姿态。虽然他不可能唤醒古圣贤，但是他确实搅动了历史的风云。

接下来便是词人动人心魄的呼喊："不恨古人吾不见，恨古人、不见吾狂耳"（第二十二至二十四行）。其狂的含义，我们现在明白了,并非隐者的出世,也不是融入自然或者纵情溺于酒,而是自负而张扬的抒情自我。其"狂"在本质上与好斗自负年轻气盛的张融以及愚蠢好胜而又善妒的元稹是相似的,也堪比魏徵的"妩媚"——其直陈无忌的傲劲(正如唐太宗的评价)。

所以,当全词以"知我者,二三子"结束时,词人不只是悲伤地重复着之前对友人逝去的哀叹,无疑还在演绎着渴望知音的老主题,一个几乎所有中国大诗人都喜爱的主题。此二句出自《论语》,孔子叹息道:"知我者,其天乎。"⑮此外,屈原的《离骚》也充满类似的哀叹,甚至连自称淡泊名利的农夫诗人陶渊明,也抱怨过自己不像俞伯牙(觅到了知音子期)和庄子(曾有过能任其"运斤如风"的惠施)那样拥有真正的朋友⑯。然而,这些诗人的哀叹多为自怜的痛苦抱怨,而辛弃疾的哀叹与其说是抱怨,还不如说是一种自命不凡。词的最后两句可谓豁然开朗。词人发出挑战古人的狂呼之后,成功获得对自己优越性格的信心。知音难觅固然可能令人悲伤,如他在开篇部分的"怅"叹,但这恰恰也令他引以为傲。为什么仅有二三人懂得他?因为几乎没有人能达到他的标准,只有他,无与伦比地独立于世间。全词起首从孔夫子那儿借来的对"吾衰矣"的感叹(《论语》),铿尔有了弦外之音。

词人突然爆发出来的咄咄逼人的自信力量,通过其语气节奏得到了加强。如我们所知,词的写作方式其实是"填词",即将文字填入既有的词调格式。从该角度而言,词人不太自由。但是辛弃疾懂得如何将既有词调形式发挥到最佳。例如,他无视该词下阕第十行"恨古人"与第十一行"不见吾狂耳"之间的停顿[17],而任其狂放的感叹——总共十五个字,从下阕第九行"不恨古人吾不见"开始——直泄而下,毫无滞涩。当这样的奔涌突然收住,而以两个轻快短小的三字句结束全篇时,我们不由得感受到奔涌向前的力量戛然而止带来的张力,以及简洁的收尾传达出的自信与确定性。这种声与情的密切对应关系绝非偶然。正如我们还将看到的,辛弃疾是擅长利用词调的形式特征来有效地表达其强烈感受的大师。

上文讨论的这种诗意的狂傲,在辛弃疾之前几乎闻所未闻。不过,可以肯定的是,他并非中国文学史上第一个狂人。比他早至少一千六百年,南方的楚国曾经有一位狂人,名为接舆,他深奥的狂歌甚至令孔子都疑惑不解[18]。据《庄子》记载,他用一种常人无法理解的语言说话,人们"惊怖其言。犹河汉而无极也。大有径庭,不近人情焉。"[19]当然,人们都会记得,还有那位最狂野的天才李白,曾骄傲地宣称自己与接舆相类:

我本楚狂人,凤歌笑孔丘。[20]

据学者施耐德（Laurence A. Schneider）的说法,在中国众多诗人中,著名的忠臣、《离骚》的作者屈原便同狂的传统有关[21]。但是就像"狂"一词可以用不同的方式注释,上述狂人本质上是非常不同的。例如,接舆明明是智者,为了在危险的世界生存,他把自己伪装成傻子。由于此人有着老子的智慧[22],他的狂意味着装疯卖傻,而不是我们从辛弃疾身上所见的那种狂的性质。

就屈原而言,如果他对"实现理想与绝对价值"[23]的热情与执着可以称为"狂热"[24]，那么我们似乎也可以说他是狂人。然而，他并非真正"狂野"。虽然他像辛弃疾一样自视甚高，在《离骚》中以一系列香草象征品德正直的自我，但这最多是一种自我美化，而非狂傲。

而李白的狂主要体现于"酣醉的放荡不羁"[25]和对既有价值体系及陈规的蔑视，并且他具有同接舆相似的个人主义避世倾向[26]。与李白相比，虽然辛弃疾也昭示了自己对周围俗世的轻蔑，但他从未逃避现实。李白时常"沉迷于出世"[27]，而辛弃疾却是积极入世的，永远毫无愧色地要求站在舞台的中央，哪怕他人并不想给予他这些关注。诚然，李白诗中不乏自负的自我褒扬，例如，其笔下也不止一次出现辛弃疾词中自负的大鹏意象[28]，而且像辛弃疾一样，他也不忘与平庸之辈拉开距离：

> 仰天大笑出门去，我辈岂是蓬蒿人。[29]

但李白华丽的自我形象常常是一种带有超现实倾向的戏谑姿态。有趣的是，有时他也会回到现实，以清醒的语气谈论起俗世之物，此时他绝不是傲慢的。也许我们可以看看下面这首诗，其中李白也像辛弃疾《贺新郎》中那样，期待着古人的认可：

> 牛渚西江夜，青天无片云。
> 登舟望秋月，空忆谢将军。
> 余亦能高咏，斯人不可闻。
> 明朝挂帆去，枫叶落纷纷。[30]

诗人来到扬子江畔的牛渚山，突然意识到正是在此地曾发生过一件事，某位籍籍无名的学者在此吟诵自己的诗篇，无意中被大将军谢安听到。谢安激赏他的才华，最终使其一举成名[31]。诗人不由得联想到自己，对眼前的现实深感不满：仅仅是由于他未幸运地遇到像谢将军那样的知音，他的个人价值便被彻底地埋没了。同样的牛渚山，同样的长江，甚至还有同样万里无云的夜空，以及同样的曾照向那位幸运的年轻学者的一轮明月，所有的这些，是诗人乘舟驶入的一段镶在空间框架中的历史。然而，时间不同了，谢将军早已不见，徒劳的渴望只是加剧了诗人的痛苦。诗的结尾是悲伤的：对自己的处境，他无能为力。明天他将离开此地，驶离历史的海市蜃楼。

李白此诗明显不同于辛弃疾的《贺新郎》。李白遗憾的是他不能生活于彼时，恰好被那位知音知晓，所以他走向谢将军，乞求他的赏识。甚至当他声称"余亦能高咏"时，听来也像是在讨赏。而辛弃疾狂野的怒吼却是自信的，甚至是居高临下的："不恨古人吾不见，恨古人、不见吾狂耳。"不同于李白诗中的自怜，辛弃疾反而表达了他对古人的同情。在他看来，古人没有机会见到他才是可怜的，这是他们的损失，而不是他的。不难想象，假如有一天辛弃疾也游至牛渚山，他会说些什么。

何谷理（Robert E. Hegel）曾对刘若愚关于中国诗歌中时间观念的阐释做出回应，敏锐地指出"中国人自我个性的宣扬不可能无视时间"[32]。他认为"儒家诗人建立自我必须'直面'时间"[33]。上引李白的诗即为一例，展示了个体通过寻求古人的认可而建立自我的努力。《论语》中还有一个诗歌以外的例子，那便是我们已经耳熟的孔夫子的叹息:"甚矣吾衰也!久矣,吾不复梦见周公!"㉝他的衰朽表征是,自己不再像从前那样时常梦见古圣贤周公了。换言之,这位儒学大师身心的健全,很大程度上取决于他对历史上的伟大人物之人格的意识,以及对这一历史遗产的道德影响的精神警觉。

因而,遥远的黄金时代的古人成为决定个体自我价值的准绳。辛弃疾对此再了解不过了,其《贺新郎》的首句几乎逐字用了孔子哀叹的前半部分:"甚矣吾衰矣。"但是,他并没有继续展开孔子的感叹。因为他不是那种满足于自我被某些范型所代表的人,无论那些范型多么理想。他并不反对同既有价值相一致,但总是明确无误地要你明白,除了一致性,他还有某些取决于自己的特殊价值。仅仅与他人类似让他感觉不适,与众不同才能给他快乐。所以,面对历史,除了承认他也意识到旧有的通行价值标准的存在,辛弃疾总是试图展现自己与这些价值标准的不同之处。

因此,当辛弃疾面向历史,即他记起古人的时候,他心中想的是当下。如果我们把辛弃疾的《贺新郎》与初唐著名诗人陈子昂(659—700)的《登幽州台歌》进行比较,那么就能更清楚地看到辛弃疾之自我中心立场这一重要方面:

> 前不见古人,后不见来者。
> 念天地之悠悠,独怆然而涕下。㉟

如宇文所安指出的,诗人怆然涕下,是因为他感到"所有人类的身体、年寿与生命意义都销磨于无尽的时空与天地"㊱。但为何会这样呢？该诗诉说的是时空中个体的孤独，然而诗人的悲伤并不是因为他所说的不见古人，反而是由于他的内心"见"到了太多的古人。当他来到幽州台，突然意识到这正是古人曾经登临过的地方时，他产生了一种敏锐的历史感。无尽且永恒的时间和宇宙空间变得太重，令孤独的个体无法承受。再者，他越是迷恋古人，越是发现自己与古人的隔绝。而依此类推，他看不到自己与来者之间的关系会有任何的不同，只能任凭历史淹没了现在，从而也压倒了自己。

相比之下，当辛弃疾说起他不会因见不到古人而感到遗憾，而更希望古人见到他的狂野时，他是坚定地立足于当下的。在辛弃疾笔下，历史不是"悠悠"长流，当下也不是转瞬即逝、微不足道的片刻。对他而言，历史最多是坚实的当下的背景。通过从自己的角度出发提到古人，词人几乎使他与古人存在于同一个时空，且这个时空以"吾"为中心。历史是被用来放大当下主人公的自我，而不是销磨他。

如此被放大的主人公自我的狂傲形象，还可见于另一首有趣的《西江月·遣兴》。这首小令的语调是轻快的，甚至有点戏谑，但一以贯之地展现了词人在《贺新郎》中的那种狂傲：

> 醉里且贪欢笑，
> 要愁那得工夫。
> 近来始觉古人书，
> 信着全无是处。

> 昨夜松边醉倒，
> 问松"我醉何如。"
> 只疑松动要来扶，
> 以手推松曰"去。"㊲

理解该词的关键在第二个乐段："近来始觉古人书，信着全无是处。"看上去这两句略显突兀，不能很好地衔接上下文。因此，批评家常常转向词作外部的本事去寻求解释。传统解读将这两句理解为词人的讽刺，表达了对当时政治局势的不满：既然今人不再追随古圣贤的教义，那么读他们的书有何用？所以，你只能饮酒且"贪欢笑"（第一行）。其实，支持此种解释的是批评家执拗的信念：如辛弃疾一般有道德的人，是永远不会质疑古圣贤的道德教义的。

但是，假如外部文献材料，如词人生平资料，能给这首词提供该角度的解释，那么词人自己所作的诗会不会是更好的材料呢？例如以下辛弃疾的诗作：

> 是非得失两茫茫，闲把遗书细较量。
> 掩卷古人堪笑处，起来摩腹步长廊。㊳

难道这不是辛弃疾可能对古人的教义非常不敬的更为确凿的证据吗？我们甚至都不需要以这首诗为基础来理解《西江月》，因为该词本身就具有足够的内证，可以指向相关的解读。

词人"近来始觉"的领悟无疑是他耽于酒的借口，然而，此处的语气可能并不像通常所认为的那么讽刺。词人对古人之书的评价典出《孟子》："尽信书，则不如无书。"㊳在笔者看来，辛弃疾的词句仅部分地保留了孟子的思想，他在这里强调的是拒绝外部强加的标准，只想宣示自己的主权。

该词开头的陈述显得如此炫耀，以至于词人觉得有必要为其找个合适的借口。因此他说，此时此地，我的所做不同寻常；我的行为不需要由任何人的教义来评判；我只管我行我素，保持本色。这些话实质上是"不恨古人吾不见，恨古人、不见吾狂耳"的翻版。对他来说，不应该以古人书为标准来评判"吾"。反之，用我的行为当作标准去评判古人，有何不可？如果从该角度看，那么我的沉醉于酒和自我放逐都挺好，而我的狂野也是值得效仿的。

该词下阕，消解偶像的词人变得更加张扬了。首句的意象——"昨夜松间醉倒"——是狂放的形象，比《贺新郎》中那个东窗下手持酒樽的隐士还要狂放得多。词人再度陷入了对自我形象的迷恋，渴望得到他人的欣赏。所以，醉酒的隐者请松树来评价他，"问松'我醉何如。'"这个提问涉及多层含义，可以理解为"我醉酒是对的吗？"那么其答案在上阕已经给出了。更符合语境的似乎是另一种理解："你觉得我的狂态怎么样？难道不是很出色吗？"此种含义再一次向我们昭示了辛弃疾的自恋性格。如果古人能目睹他的狂放，不亦乐乎？但是他无法唤回古人，好在还有松树。长寿之青松也是历史的遗迹，可视为当下的古人。数百年以来，它见证过树荫下无数个醉汉，可以告诉词人，他与古人相比怎么样。对饮醉的词人而言，请古松来谈谈关于自己狂醉的看法，无异于呼唤古人来崇拜自己的狂野。

该词的一个精彩之处在于词人醉酒的状态渗透在每个句子。实际上，半醉半醒的精神状态令词人更好地散发狂野。可以说，半醉给了词人全新的视角。所以，尽管真实的情况是，词人在树下趔趔趄趄，拼命伸手去扶松树以免摔倒，但他偏要宣称，是松树伸手来扶他，而他只是一把推开："去！"

值得注意的是，最后一个句子使用不同寻常的句法结构，有助于描绘词人的桀骜不驯。该句的结构完全是散文化的，前五字是陈述部分，而末一字是直接引语"去"[40]。这样一种"五、一"结构完全打破了常规，不仅在此前的任何一首《西江月》词中未曾见过，而且也没有在辛弃疾之后的词人笔下出现过。但该句放在此处却极其恰当。由于醉酒的词人无拘无束，需要一个强劲的、单音节的祈使词来结束其肆无忌惮的姿态，而此处"去"字的去声恰到好处地强化了该命令的力度。这种自我中心的狂野已经成为词人精神中的有机构成部分，导致事物发生扭曲而奇妙的变形。明明是他从古人处寻求慰藉，却颠倒事实地宣称是古人在羡慕他。他想说青山妩媚，却执拗地要求青山也对他说同样的话。在《贺新郎》的词序中，他说水声山色竞相来取悦他[41]，然而我们知道，实际上这是词人将自己的情感投射于山水的产物。辛弃疾笔下自我中心的意象是一以贯之的，因此不能仅仅视为隐喻手段的运用。对词人而言，将自我置于中心已经成为一种习惯。在其乡村词《沁园春·灵山齐庵赋时筑偃湖未成》中，词人看到清晨的山峰感到愉悦，却夸口是群山争相上前来与他结识。而面向一排排的松树时，他又不无自负地感叹着，上天竟然不让他——一个投闲的老人——有片刻的清闲，坚持要他检校这支由十万长松组成的军队[42]。诸般情形下，他总是发号施令的将军，是真正的英雄。

《贺新郎》与《西江月》有一个共同的主题是自我欣赏。很难想象，如此自负的人会崇拜别人。但他确实表达过崇拜，而且表达得落落大方：

逸气轩眉宇。
似王良、
轻车熟路，
骅骝欲舞。
我觉君非池中物，
咫尺蛟龙云雨[43]。

王良是春秋时期晋国的传奇车夫。《淮南子》之《览冥训》篇生动地描绘了他神乎其技的驾驭，几乎变成了一种艺术[44]。在这首词中，辛弃疾正是因为惊叹于其友人的各种自然而优雅的动作，把他比作王良。他认定如此人物绝非寻常之辈。他有多么蔑视普通与平庸，就有多么崇拜独特与超常，下文即可见出这一点：

我怜君，
痴绝似，
顾长康。

> 纶巾羽扇颠倒,
> 又似竹林狂⑮。

顾长康(345？—406？),即著名的魏晋时期天才画家顾恺之,尤以三绝而著称:画绝、才绝与痴绝⑯。而"竹林狂"显然指的是"竹林七贤",魏晋时期著名的不守成规又才华出众的文人群体。如辛弃疾所说,最打动他的是友人的不蹈常规与特立独行。而在以下二例中,他显然又为友人卓然出众的容貌与举止所吸引:

> 看长身玉立,
> 鹤般风度;
> 方颐须磔,
> 虎样精神⑰。

又有:

> 看公风骨,
> 似长松、
> 磊落多生奇节⑱。

虽然他的许多比喻有些陈旧,其语气的强度与热切却给表达带来了一种新鲜感,例如下列词句:

> 功名饱听儿童说,
> 看公两眼明如月[49]。

他似乎对月意象有着偏好:

> 看公如月,
> 光彩众星稀[50]。

但在另一首词中,他又说:

> 君如星斗,
> 灿中天、
> 密密疏疏[51]。

这是由于此处的星星反而令"自怜萤火"黯然失色[52]。可见,词人着意突出的意象并非一成不变,任何出众或长于他物者,都可令他钦佩。

词人对类似"风骨"的个人品质格外敏感,这些品质往往难以捉摸、难以形容,而他却总能想办法用语言呈现它们。他曾如此描述友人:"看君人物汉西都。"[53]破空而来却又极富暗示性的表达,促使读者用自己的想象重塑一个角色,生动而崇高,来自荣耀的、霸权的西汉帝国的都城——声震四方的权力中心和各色有才能、英勇与探险之士聚集之所。而在下面的例子中,词人以如此感性的方式来呈现一个人物的耀眼光彩,令抽象的特质顿时具体生动，可触可感：

> 我见君来，
> 顿觉吾庐，
> 溪山美哉[54]。

这种诗意的"人格品鉴"在辛词中数不胜数。篇幅所限，我们在这儿看到的都是些没有上下文的残编断简，故不能提供足够的人物评价本应提供的更多细微信息。即便如此，这些文字也足以让我们知道词人在试图评价一个人物时所寻找的那种个人品质。这些品质显然不是美德，而是高贵的外表风度、优雅出众的举止、强悍的生命力及其他，甚至癖好，一切令其独一无二、区别于他人之处。

此处，一个极其明显而无法被忽视的事实是，当辛弃疾需要某些范例来体现他所欣赏的个性特征时，他时常到过去，尤其是到魏晋时期去寻找。不仅词人笔下的形象充满智慧与自由精神——通常被认为是魏晋时代的标志，而且他对这些形象的书写也继承了魏晋笔法。其形象的语气、措辞都令人想起《世说新语》里的人物，而《世说新语》记录的主要是魏晋非常人物的非常举止。我们当然也不会忽视辛弃疾笔下的形象与下文所引《世说新语》之《容止》章的主题相似性：

> 嵇康身长七尺八寸，风姿特秀。见者叹曰："萧萧肃肃，爽朗清举。"或云："肃肃如松下风，高而徐引。"山公

曰:"嵇叔夜之为人也,岩岩若孤松之独立。其醉也,傀俄若玉山之将崩。"㊺

有人语王戎曰:"嵇延祖卓卓如野鹤之在鸡群。"答曰:"君未见其父耳!"㊻

时人目夏侯太初朗朗如日月之入怀……㊼

时人目王右军"飘如游云,矫若惊龙。"㊽

刘尹道桓公:"鬓如反猬皮,眉如紫石棱,自是孙仲谋、司马宣王一流人。"㊾

辛弃疾笔下非池中之物的蛟龙意象,则和下文非常相似:

公孙度目邴原:"所谓云中白鹤,非燕雀之网所能罗也。"㊿

如果你仍然对辛弃疾的意象与《世说新语》中的人物速写的相似性抱有怀疑,那么请继续看两个例子。不妨把第一个例子与辛弃疾将友人比作粗粝遒劲松树的词句比较,而把第二个例子与辛弃疾表达友人的到来令其感到蓬荜生辉的美文比较:

庾子嵩目和峤:"森森如千丈松,虽磊砢有节目,施之大厦,有栋梁之用。"㉛

海西时,诸公每朝,朝堂犹暗,唯会稽王来,轩轩如朝霞举。㉜

对辛弃疾词与《世说新语》之间的此种相似之处,怎么强调都不会太过分。比如,笔者总有一种感觉,类似豪放与狂的这种用于描绘辛词中抒情主人公性格特征的词汇,用在《世说新语》中的人物身上,也恰如其分。这类奇丽人物听凭自己的本能和直觉而尽情放纵,发展自己的潜能,其个体意识强化的中心便是自我肯定。"吾"的价值在于独特与不蹈常规。于是,除了桀骜不驯,狂傲与好胜也都成了可以接受的美德。从上引《世说新语》的例子,我们已经可以注意到这些奇特人物范型不仅令人崇拜,而且引起模仿与竞争。对此,《世说新语》之《品藻》章呈现得再清楚不过了。全章共有一百五十六则逸事,每一则都涉及激烈的充满竞争意味的比较。"我何如某?""某何如某?""某何似?""吾与足下孰愈?"甚而至于有这样的问答:"第一流复是谁?""正是我辈耳!"(我们不妨拿这些与《西江月》中辛弃疾对松树的提问比较一下:"我醉何如?")类似辛辣而咄咄逼人的问题构成了对话的主线。以下便是其中一个显例:

桓公少与殷侯齐名,常有竞心。桓问殷:"卿何如我?"殷云:"我与我周旋久,宁作我。"㉝

你尽可相信辛弃疾用心地留意了这则故事,并且相当恰当地把它几乎逐字收入《贺新郎·用前韵再赋》(肘后俄生柳)词中:

翁比渠侬人谁好,
是我常、

> 与我周旋久。
> 宁作我,
> 一杯酒[64]。

你不仅能感受到词人的捷才,还有他深入骨髓的骄傲。与前文考察的那一首《贺新郎》一样,词人完全不顾词调格式的停顿要求,上引第二句"是我常、与我周旋久"与第三句"宁作我"之间毫无停顿,只是让他炫目的自傲一泻而下地表达自己。来自《世说新语》中的散文句式在此处变成一种强有力的抒情表达,其横扫一切的力量充分说明,词人张扬的狂傲与竞争性,丝毫不亚于《世说新语》中那些突出的人物性格。

如果我们回顾之前讨论的"人格品鉴"部分,会发现当辛弃疾称赞他人时,绝不会压抑其骄傲的自尊。他总是以自己为参照来赞扬别人,例如"我觉……""我爱……""我见……"等(尽管有时候"我"被省略了,但是词人用非常主观和积极的动词"看"来强烈暗示"我"的存在)。"我"总是位于中心,并做出判断。表达赞扬的时候,他要么暗示称赞的对象符合他的标准,要么就是意味着称赞的对象和他属于同一类型。例如,他在一首词中仰慕地感叹,其友人如高大的磊砢有奇节的青松,而数句之后,他说:

> 尊酒一笑相逢,
> 与公臭味,
> 菊茂兰须悦[65]。

很难分辨他究竟更称赞谁,是此"公",还是他自己呢?同样的手法,我们其实已经在《贺新郎》里见到过,当他说起"我见青山多妩媚,料青山、见我应如是"时,褒扬的重点何在?

已有足够的例证向我们展示词人对古人的迷恋。他之所以喜欢谈论历史,并且在词中使用历史典故,部分原因就在于"古人情结"。对他而言,参与到过去就意味着同古代名士进行交流、比较和争胜。

从该角度而言,刘克庄批评辛弃疾"时时掉书袋"就不是那么公平[66]。实际上,在大多数情况下,辛弃疾的用典是相当合理的,如叶嘉莹先生所说,他总能令其典故充盈着"全新的生命"[67]。

在出现于辛弃疾词世界的许多古人中,三国时期逐鹿的群雄对他具有一种特别的吸引力。通过《南乡子·登京口北固亭有怀》词,我们看到词人登临北固亭,俯瞰奔流的长江,如何沉思历史并且表达他对孙权的钦佩之情。孙权是年轻的东吴国君,其声名与《世说新语》里的军事强阀桓温不相伯仲:

> 何处望神州?
> 满眼风光北固楼。
> 千古兴亡多少事,
> 悠悠。
> 不尽长江滚滚流[68]。
>
> 年少万兜鍪,

坐断东南战未休。
天下英雄谁敌手？
曹刘[69]。
生子当如孙仲谋[70]。

比辛弃疾登上北固亭早一个多世纪，苏轼也在相似的环境下写了那首著名的《念奴娇·赤壁怀古》词。他同样登临长江之岸，歌颂三国时期另一位年轻的英雄——孙权的干将周瑜（175—210）：

大江东去，
浪淘尽、
千古风流人物。
故垒西边，
人道是、
三国周郎赤壁。
乱石穿空，
惊涛拍岸，
捲起千堆雪。
江山如画，
一时多少豪杰。

遥想公瑾当年，
小乔初嫁了，
雄姿英发。

羽扇纶巾,
谈笑间、
樯橹灰飞烟灭。
故国神游,
多情应笑,
我早生华发。
人间如梦,
一樽还酹江月①。

这两首词的主题和安排都很相似,然而我们依然能看出二者情感指向的基本差异。在精神层面,苏轼的《念奴娇》类似于陈子昂的《登幽州台歌》:即便是英雄人物也无法避免被向东流逝的长江水带走。正如艾朗诺(Ronald Egan)分析该词所指出的,词人的抒情形象"因那些已经消失的曾经辉煌的历史英雄而产生了被征服感"②。该词上阕所描绘的令人敬畏的自然力量的画面,引发了人类面对压倒性时空的无助感。宏伟而永恒的自然与过往的英雄曾熙熙攘攘地并存于该世界(第十至十一行),壮阔的大江和悬崖峭壁仍然同过去一样真实地映入眼帘,而那些英雄都已经逝去。该词下阕,一个舰队瞬间付之一炬(第十七行),暗示着古人的荣光如何消失以及古人的躯体如何不复存在。所以,苏词在忧郁地感叹"人生如梦"(第二十一行)之后,以酒祭"江月"(第二十二行)来结束该词,是相当自然的。"江月"可解读为倒影于江面之月,象征着虚无的人生。

辛弃疾《南乡子》中也有一条奔流的长江,但对词人来说,浩瀚的长江并不能带走一切。它承载着"千古兴亡多少事"（第三行）。逝去的英雄或胜、或败，唯有胜利者才脱颖而出。这些胜利者一如长江真实而可感地呈现在你眼前。词的第六、第七行就描绘了这样一位胜利者——孙权。这位英雄年轻而魁梧的形象令我们想起苏轼《念奴娇》勾画的周瑜形象（第十三至十七行）。但是，苏轼笔下英雄形象的不同在于，其功用是强调人生转瞬即逝的本质。这位大将军周瑜，即便如词中描绘的那样英勇而精力充沛，也不过是那些被时间的浪涛所"淘尽"的众多人物之一。看似悖论的是，词中如此生动描绘的新婚的年轻将军（第十三至十四行）是已死去的古人，而迅速衰朽的白发老人却是当下正活着的词人（第二十行），这个悖论表明词人对时间不可思议的毁灭性力量的困惑。与辛弃疾笔的突然展现于我们面前的孙权形象相比，周瑜的形象更像是镶嵌在遥远的相框里。正如词人所说的，为了见到他的英雄，他不得不"遥想"（第十二行）"神游"（第十八行）到过去。

前章引用的清代学者陈廷焯的一段话，让我们注意到了苏、辛的对比。陈廷焯说，苏词"极名士之雅"，而辛词"极英雄之气"，这一评价实际上是以苏词为参照针对辛弃疾《南乡子》而做的点评。不得不说，陈的评论抓住了两位词人的本质[23]。他的讨论表明，苏轼以其优雅与敏感打动读者，而辛弃疾以其活力与张扬激荡读者。

为了更明晰地了解这一点，不妨对苏轼的英雄周瑜形象与辛弃疾的英雄孙权形象做进一步的比较。虽然周瑜是战斗在前线的将军，但苏轼把他描绘成学者的形象（"羽扇纶巾"），为了赋予其温柔之质，苏轼还特意提到其倾国倾城的新婚妻子。辛弃疾的英雄却不是学者型将军，而是杰出的披甲执锐的战士。由于不同信息的传达，两个来自同一阵营（二者是连襟）的英雄呈现了两种不同的面貌。如果说，周瑜的故事是过去的片段，来自人类梦幻般的历史，由"一时"可知其与现在的联系很难维系，那么孙权的故事却是持续的。年轻的英雄"战未休"（第七行），他的战斗精神被"不尽长江"（第五行）承载于"悠悠"（第四行）的历史。然而，让孙权的魅力得以不断延续的最有力的保证，却是词人的赞美："生子当如孙仲谋！"（第十行）这句赞美恰好从孙权的宿敌曹操的嘴里说出，表达的却是所有人的感受，包括词人自己。

对辛弃疾而言，人生并不如梦，而是非常真实的。被孙权的霸气深深吸引，辛弃疾问道："天下英雄谁敌手？"（第八行）整首词由一系列的问题与回答构成（第一行和第二行，第八行和第九行，是两对问答。第三行虽然一般认为属于陈述部分，也可理解为一个问题："千古兴亡多少事？"）。词人陷入了沉思的情绪，他在思索历史的意义。周瑜消失于历史令苏轼发出人生如梦的浩叹，而孙权高耸于时流的形象却令辛弃疾认识到，历史是英雄们竞逐的舞台。故而他感到了压力，人生仅有一次，所以要争取成为英雄中的英雄，成为胜利者。不是偶然的获胜者，而是永远的赢家；不仅自己，而且子子孙孙也都是胜利者。

值得注意的是，在其他文体的写作中，辛弃疾对孙权的评价并没有如此之高。他在一组题为《美芹十论》的上呈皇帝的奏章中，认为孙权不过是囿于一隅的地方军阀[14]。孙权之所以成为辛弃疾最喜欢的诗歌主题之一,是因为词人可以通过这样一个统领"万兜鍪"的年轻君主形象,回顾并美化自己的过去,而他对权力与声名的强烈渴望也可以获得某种程度的代偿。他多次把自己描绘成伟岸的年轻长官,率领着上万人的强大军队,与孙权的形象非常形似。在他的一首诗中,他为年轻的自己作了一幅生动的"青衫匹马万人呼"的自画像。⑮他对指挥大权的欣赏之情在以下这首《一枝花·醉中戏作》中得到了更充分有力的表达:

> 千丈擎天手,
> 万卷悬河口。
> 黄金腰下印、
> 大如斗⑯。
> 更千骑弓刀,
> 挥霍遮前后。
> 百计千方久。
> 似斗草儿童,
> 赢个他家偏有。
>
> 算枉了,
> 双眉恁长皱,
> 白发空回首。
> 那时闲说向、
> 山中友。
> 看丘陇牛羊,

> 更辨贤愚否。
>
> 且自栽花柳。
>
> 怕有人来,
>
> 但只道、
>
> 今朝中酒⑦。

词人相当珍视的自我形象——被数千英勇的战士簇拥着的魁梧的指挥官（第五至六行），由词人毫不掩饰地自我褒扬支撑着（第一至二行）。然而，崇高而庄严的英雄形象却多少被一个华丽的装饰——长官的金印破坏（第三至四行）。似乎词人感到，非凡的军事壮举和杰出的智识才干本身都还不够伟大，人的价值还需要借助于"大如斗"的官印来证明。可能词人也意识到闪亮的金印带来的滑稽感和近乎粗俗的效果，因为他的词题似乎在进行开解："醉中戏作。"我们不可能分辨该词是否真的作于饮醉之后，然而其作品中相当频繁出现的金印意象——同他的作品中其他官员身份标识一起，如金鱼袋、玉带、紫绶带等——令我们相信，这对辛弃疾具有特别的意义，而不只是某个随意提到的某些无关紧要的饰品。例如，他敦促族弟"金印须教斗大"[78]；寿内兄"金印明年斗大"[79]；祝贺同僚"金印累累尽有"[80]。不止于此，他还想象自己"金印累累佩陆离"的光彩形象[81]。在其他诗人对此避之唯恐不及，往往表示多么鄙视功名时，辛弃疾却毫不羞愧地谈起它们，正如他在一首应酬词里明白无误地挑明的：

> 算平戎万里，

> 功名本是，
> 真儒事、
> 公知否[82]。

此外，在写给小儿子的一首词里，他亲切地祝愿儿子将来能做到公卿[83]。

辛弃疾作品中所表达的强烈的功名心常常被读者有意忽视了。由于他的崇拜者无法接受他们的英雄的正直品格被任何自私的动机玷污，故而他们选择把他对功名的渴望当成其崇高爱国主义思想的表达。现代学者吴世昌是敢于直说辛弃疾热衷于官场功名的少数批评家之一，他观察到辛弃疾对功名的关切热度有时候高达"万分"，"他真想做官，而且是大官"[84]。

有趣的是，吴世昌也将辛弃疾与自私的动机剥离，认为辛弃疾热衷于高官的原因是为了抗金复国[85]。因此，他说："（辛弃疾）虽然是这样到处嚷着要做大官，然而我们并不觉得他卑鄙。"[86]他对官位炽烈的渴望，"不特与他人格无损，反而愈见他的真诚"[87]。

此处，笔者不想质疑热衷于高官与爱国主义表现之间的所谓内在逻辑关系。更引人注意的是，吴世昌对辛弃疾可能遭到误解的不安与担心。假如像吴世昌所说，辛弃疾对官位的热衷是如此纯粹而显然的爱国主义表达，那么难道不是根本不必担心可能破坏其正直，或者将其误解为卑琐的人物吗？又或者难道吴世昌真的认为辛弃疾的那种爱国主义不够光明正大，以至于需要"真诚"地表达？对此，笔者忍不住猜测他为辛弃疾过度辩护背后的真实想法。他当然从辛弃疾狂放张扬的野心展现中看到了一种美,那是一种不受影响的"真性情的自然流露"[⑧]。然而,不幸的是,他不是维护这种真性情本身具有的美感,而是给它镀上了一层厚厚的爱国主义的色彩,尚不知其原本的光泽就这样被毁了。

为何我们总是强迫辛弃疾仅仅背负着公共生活的道德责任,而不允许他表达个性的、私密的情感?从之前的分析中,我们不难看出,辛弃疾词中的抒情主人公总是具有属于他自己的非常个性的、独特的东西,也是他最为珍视与感到极其骄傲的东西。难道我们不能至少尊重英雄自我意识的权利,并允许那些无悖于个人利益的情感与崇高的爱国情感共存?道德上不是那么纯洁的辛弃疾就必然不那么值得崇拜吗?也许正是我们在读辛词时如此强烈感受到的,他对功业的那种虽未必是自私的,但绝对是以自我为中心的向往,赋予了其作品活力。

让我们再回到《一枝花》的讨论。即便我们努力在辛弃疾的词中解读出所有那些关于他年轻时的传奇英雄故事,仍然很难将词人对腰佩巨大金印的骄傲解释为爱国主义的表达。辛弃疾如此渴望透露给读者的,是他的个人超凡潜能得以实现的快感,尽管半是怀旧的追忆,半是虚幻的想象。与许多善意批评家的愿望相反,词人并没有宣扬自己的成就在道德高地上的意义。正如他在该词上阕的最后三句告诉我们的,是"百计千方"之"斗"与"赢"的刺激促使他追求功名。此处非常重要的是,他把自己对伟大的追求比作童稚的游戏:"似斗草儿童,赢个他家偏有。"他只想赢,而这又何错之有?我们也许会由此联想到之前讨论过的孙权的英雄形象,让辛弃疾激赏的,不就是那天下无敌手的"战未休"精神吗？

　　正是这种稚子般的无遮拦的理直气壮，与赤子般的惊人而坦率的表达，同时既感动又困惑了像吴世昌这样的批评家。但是对笔者反复提到的陈廷焯一类的批评家来说，词人不加掩饰的本真自我并不难理解。因为首先吸引陈廷焯的是辛弃疾特异的豪放，而非他的品德端正。陈因此可以从容自如地谈论辛弃疾的独特性。如他所见，即便是与道德无涉的，甚至在道德上不甚完美的某些特质，从审美的角度看也是美的。如前文曾提到的，陈廷焯把辛弃疾与苏轼相提并论进行比较的时候，看得最为清楚：

> 东坡心地光明磊落，忠爱根于性生，故词极超旷，而意极和平。稼轩有吞吐八荒之概，而机会不来。正则可以为郭、李，为岳、韩，变则即桓温之流亚。故词极豪雄，而意极悲郁。㉘

　　这段话罗列的一大堆人名之中，郭子仪与李光弼是唐代的两位强悍的节度使，他们在平息安史之乱中发挥了关键的作用。岳飞与韩世忠则是南宋抗击金兵入侵的两位爱国将领，功勋卓越。四位都是人们称为"国之栋梁"的英雄，都在国家的危急关头力挽狂澜。

　　与这四位正面人物形成对照的是桓温，那位把东晋朝廷玩弄于股掌的邪恶的政治军事强人。我们在本章稍前提到《世说新语》时已经认识了这个枭雄。此人但求自己在历史上的存在感，而丝毫不在乎他人的评价。正如他自己所说的："既不能流芳后世，亦不足复遗臭万载邪？"⑨

陈廷焯不仅留意到四位忠义的将领与那个奸佞的桓温处于同一条价值光谱相反的两极，还明白他们为何在同一轴线上。他们都是阳刚而能力超强的一类人，乐于在所处环境中掌控权力，从而证明自己。陈廷焯认为，辛弃疾身上也具有这些能力非凡的强者共同的基本特征。如果允许这些特征各自东西南北流，为所欲为，那么它们会以不同的方式展现出迥异的形态。

如果我们把本章已经涉及的东西拼合在一起，那么一个错综复杂的价值关系结构便呼之欲出了。读者大概还记得，在上面引用的一则《世说新语》人物品评中，桓温被说成"自是孙仲谋、司马宣王一流人"。然后我们又看到同一个孙仲谋在辛弃疾的词中被奉为英雄。如此一来，可能存在于辛弃疾与桓温之间的某种联系突然被陈廷焯这样的批评家点明了。当然，陈廷焯并不是将辛弃疾当作历史人物来看待，他主要关注的是给辛词带来无比活力的那种特异的极具阳刚之气的咄咄逼人的抒情人格。陈廷焯敏锐的嗅觉真是无可挑剔，他能察觉到桓温所说的留与后世之"芳"与遗于万载之"臭"之间的微妙关系。

陈廷焯评论中所用的术语"正"与"变"，可理解为"正道"与"歧途"。因为"正"意味着正确而可取，而"变"则常指偏离常规。陈廷焯巧妙地通过"正"与"变"之间的辩证对立关系来提醒读者，不要仅仅期待在辛弃疾的作品中找到明显符合传统价值观念的忠义道德，还要准备发现那些偏离理想基准的狂傲、桀骜不驯与不完美。

当然，陈廷焯的方式多少有点两极化。要么处于光谱的理想的、正确的一端,要么就偏离理想,去到了相反的一端。然而,辛弃疾过于复杂,这样简单的二分法对他来说是不适用的,因为他常常处于两极之间的某个位置。这一点我们已经在《一枝花》的上阕见到了。其中,词人的自我形象既威风凛凛,又不能完全免俗;既展示了个人的尊严,却也同时流露出虚荣心;而在其雄睨万物的竞争心与无畏的战斗精神背后,并非完全没有属于私的动机。

在《一枝花》的下阕,词人发现自己被环境销磨到了痛苦的境地。如今他不再是军队的统帅,而是被迫做了终日与牛羊花柳为伴的隐士(第十五、第十七行)。但他终是个即使"百计千方久",也要"赢个他家偏有"的进取者,所以即便面临逆境,他的本质特征——也是所有能力非凡的强人,如郭子仪、李光弼、岳飞、韩世忠以及桓温等的共同特征——依然如故。尽管他装出平静与淡漠的样子,宣称贤者与愚者并没有什么不同(第十六行),其实却在暗示他是那个最为智慧的贤者。结尾部分,词人之所以拒绝了外面的世界(第十八至二十行),不仅仅是因为他太骄傲了,不愿意当众自舔伤口,更重要的原因是他无法忍受所有那些不懂其价值的愚者。

当然,也有一些时候,词人表现得更像郭子仪或岳飞,而不是桓温,例如以下这首《鹧鸪天》词:

壮岁旌旗拥万夫,
锦襜突骑渡江初。
燕兵夜娖银胡䩮,

汉箭朝飞金仆姑。

追往事，
叹今吾。
春风不染白髭须。
却将万字平戎策，
换得东家种树书[91]。

词中胡汉将士针锋相对的对抗场景（第三至四行）和其中提到的"万字平戎策"的追忆（第八行），都关乎词人年轻时的英雄事迹。但是我们只能通过其强烈的私人情感：他的骄傲、他的悲伤与他的挫折来感受其爱国主义情怀。如果我们完全无视这些相当个性化的情感，那么就别指望能真正理解词人的高尚情操。

在这首词的开头又出现了熟悉的词人所钟情的高大人物形象——被上万英勇战士簇拥着的年轻将领。那飘扬的旌旗（第一行）和近乎超现实的"锦襜突骑"（第二行），增添了场景的壮观与华丽。精美意象的炫目展示是有原因的，都是关于词人过去荣光的鲜活记忆，寄托了词人的骄傲。也正是这些过去的荣耀与当下黯淡之间的鲜明对比，触动了词人心中的遗憾：青春的岁月一去不复返了（第五至七行）。

在词的结尾，词人其实表达了他深深的遗憾，他不明白为什么自己只能放弃崇高的抱负，成为一位种树的隐者。毫无疑问，这样的表达也带有公共意识，即他因无法报效朝廷而感到沮丧。但是我们仍不可否认，他的伤痛是非常个人的情感。

词人在该词短序中说：

有客慨然谈功名，因追忆少年时事，戏作。

换言之，该词的直接创作动机是功名。我们注意到，上文讨论到的《一枝花》系"醉中戏作"，而这首词也是"戏作"，尽管这次词人似乎没醉。也许有人会问，为什么辛弃疾无论何时谈及功名的话题，都要带着歉意说明，其仅仅是戏作？笔者猜度这是一种技巧，用于阻止读者对他痴迷于此主题的好奇。他试图告诉读者，自己并不真正在意那些世俗之物，即便他仍存某些虚荣心和被遗忘的痛苦，也不必当真。然而，当我们细读其作品时，便知道他确乎是在意的。

以上《一枝花》与《鹧鸪天》的相似之处还可以做进一步的讨论。二者都起于相当热闹而华丽的上阕，继而是阴郁而痛苦的下阕。仔细考察会发现，选择这种形式是为了满足主题的需要。上阕对个人价值的强烈显示，是在为下阕的悲痛表达做铺垫。他拥有如此强大的性格和如此独特的才能，最终却湮没无闻，抒情主人公当然咽不下这口气。

因此，两首词的后半部分都设置了有勇有谋的战士与失意的种树翁之间的对比。表面看来，《鹧鸪天》中"万字平戎策"与"种树书"失衡的并置（第八至九行），表明了词人消极的自嘲，他似乎在建议："既然我的平戎策没有用处，为什么不拿它去换种树书呢？"但实际上，词人是要通过这尴尬的对照，表达对那些无视其价值者的忌恨："既然你们不想读我的军事策论，那么我就扔了它!"

这正是我们所熟悉的辛弃疾——本章开头部分讨论的《贺新郎》中那位词人,他哀叹的不是他见不到古人,而是古人没有机会仰慕他的非凡。辛弃疾做不到"人不知而不愠",其愠恚绝非"戏作",而是词人大部分作品中反复出现的主题,相关的例子不胜枚举。

前文提到的"功名本是,真儒事"引自辛弃疾的一首祝寿词,这首词劈头就来个设问:

> 渡江天马南来,
> 几人真是经纶手[92]?

这问题问得很巧妙,其核心是谁才"真是经纶手?"既然这是首为友人的生日而写的应酬之作,这"经纶手"大概非友人莫属。但除此之外,问题里似乎还有个对"几人"的关切。考虑到辛弃疾习惯性的"天下英雄谁敌手"的思维方式,读者很难不作"唯使君与某耳"的联想,何况词人其后又加进了"功名本是,真儒事"的激励,让人觉得他明面上说的是别人,心里想的却是亦为"渡江南来"的自己。友人的经历,辛弃疾感同身受:

> 当年堕地,
> 而今试看,
> 风云奔走[93]。

以至于当读到词人在结尾处含糊其词的许愿时：

> 待他年整顿，
> 乾坤事了，
> 为先生寿㉔。

读者不禁要猜想，这"他年整顿乾坤"的，究竟会是谁，或会有"几人"？

在《木兰花慢·席上送张仲固帅兴元》一词中，辛弃疾在赞扬了刘邦击败强敌并且建立了大汉帝国的英雄业绩之后，开始反思眼下的局势，他叹息道：

> 追亡事、
> 今不见，
> 但山川满目泪沾衣。
> 落日胡尘未断，
> 西风塞马空肥㉕。

引文前两句出自《史记》"淮阴侯列传"的著名故事。众所周知，刘邦的成功很大程度上要归功于他的大将军韩信（？—前196）的军事才能。但据说，韩信第一次去见刘邦时受到了冷遇。于是，在一个月夜，韩信带着不满逃离了刘邦的军营。而刘邦的军师萧何懂得韩信的价值，追上韩信，说服了他并将其劝回。词中借古讽今的含义显而易见，但辛弃疾不满足于仅仅抱怨，在接下来的"落日胡尘未断，西风塞马空肥"两句中，他无疑是在提醒那些无视他的人，在此急需军事统帅的关键时刻，他们正可悲地失去像他这样堪比韩信的将才。相似的语气还可见于辛弃疾的《贺新郎·同父见和再用韵答之》：

> 汗血盐车无人顾[96]，
> 千里空收骏骨[97]。

而下面出自《水龙吟·登建康赏心亭》的词句给予读者的震撼也丝毫不减前例：

> 倩何人、
> 唤取红巾翠袖，
> 揾英雄泪[98]。

歌伎的手帕与英雄的眼泪的对照，简明扼要地显示了抒情主人公的才能如何被浪费，令人痛心。但是，上文笔者已提到，当遭到忽视时，辛弃疾不会止于抱怨，更要挑战那些无视其真正价值的人。而当他抛开一切典故与隐喻，直接提出自己最强烈的抗议时，他的自我优越感得到了充分的表达：

> 不念英雄江左老，
> 用之可以尊中国[99]。

抒情主人公反过来俯视那些忽视他的人。他不仅拒绝被压倒,还要压倒他的对手。罗郁正在评论一位刚正不阿的中国学者时说了一段很有意思的话,用在这里描述辛弃疾再合适不过:"他尽力拯救世界,但当世界唾弃他的努力时,他鄙视这个世界。"[10]

在被迫退隐多年之后被重新起用,委以闲职时,词人再次展现了他的真面目。借用《庄子》的话[101],他发出了胜利者一般欣喜的高呼:

此身忘世浑容易,
使世相忘却自难[102]。

明明是他无法忘记这个世界,而他却告诉我们不论他怎样拒绝世界,世界都难以忘记他。这绝对是一种英雄的狂傲,带着赤子般的澄澈无隐,如此自然。这无疑是我们熟悉的那个辛弃疾,他似乎在说:"我说得没错吧,早就告诉你了……"我们可以模仿一个英文谚语,如果辛弃疾不走向大山,那么大山就得向辛弃疾走来。这两个词句与《贺新郎》结尾处的慨叹如出一辙,辛弃疾唯一遗憾的是古人见不到他的狂傲。我们也再一次看到了,当词人被剥夺了舞台中央位置的时候,他如何制造出自己的中心,傲视群雄,指点江山。他这样做的时候可以总是带着赤子般的坦诚,因此,读者对他的狂傲并不反感;相反,他们被词人的狂傲震慑、激荡,最终被其魅力深深吸引。

如笔者在前面的讨论中试图指出的,辛弃疾狂傲的自我形象是通过充满活力的诗歌物质形式而得以实现的。词人常常让其冲动溢出的情绪自由奔放地飞跨过字里行间，逐句增强，直到顶点。他一次又一次用有力的势不可当的散文化节奏来激活诗歌节奏。当我们谈论豪放或是英雄气等辛词特性的时候，我们发现几乎不能不把内容与形式当作一个整体——形式即内容。

在讨论南宋时期词体的发展演进时，林顺夫将辛弃疾称为以文为词趋势的代表词人，其文体标志性特征是"强烈的命题陈述式语言"的使用[13]。方秀洁称这种命题陈述式语言为"表达性声音"，并且指出其重要特征包括"形合（主谓）句式"[14]的使用以及"对许多散文元素的汲取……"[15]为了说明辛弃疾的情感表达如何通过其词作的句法节奏得到强化，方秀洁考察了辛弃疾的《永遇乐·京口北固亭怀古》，其上阕如下：

千古江山，

英雄无觅，

孙仲谋处。

舞榭歌台，

风流总被，

雨打风吹去。

斜阳草树，

寻常巷陌，

人道寄奴曾住。

想当年、

金戈铁马，

气吞万里如虎[16]。

如方秀洁指出的，《永遇乐》词调的格式，要求首个乐段由三个四字句构成，前两句应为平行对仗的完整句。这一平衡结构与其舒缓的节奏构成一种铺陈意象的理想形式。用方的话来说，它"允许读者专注于逐句呈现的意象"[⑩]。

与此相反，在辛弃疾的这首《永遇乐》中，前倾式推进节奏取代了舒缓平衡的节奏。此词记录了词人思古之幽情。面对着曾见证孙权（孙仲谋）、刘裕（寄奴，363—422）等历史人物的英雄事迹的壮丽河山，词人思绪万千。当此种情绪被释放时，它从一句溢出到另一句。除非我们不停地一口气往下读，直到读完第三句为止，否则便无法理解这突然爆发的情感的含义。如此，原本由三个词句、两个停顿组成的一个乐段，变成了总共十二个音节的令人叹为观止的句段。而这还不够，第二个乐段也同样如此。词人把原本4/4/5结构的乐段变成了另一个包含十三个音节的句段。如此一来，《永遇乐》词调的节奏和声音效果完全改变了。

词人这样做是有充分理由的。如方秀洁所分析的："辛弃疾的句法节奏带着一种强劲的前倾动力，特别适用于强烈的情感色彩的表达。"[⑪]虽然《永遇乐》词调格式的句法与音乐结构适于意象描写，但辛弃疾在这里要做的并非描述，而是表达。该词的创作目的是直抒胸臆。他需要的不是通过意象间接地呈现自己，而是直接与读者对话。所以他选择了主观的声音，其散文化的句法节奏可以有效地帮助读者感受到他的即时且真实的存在。

发现既有词调格式不足以表达他强烈的情感时，他便将它改造成符合自己需要的形式[10]。词人对词调格律的操控本身就是一种豪放的姿态[11]，这种狂傲并不亚于本章所讨论的在其词作中生动呈现出来的抒情主人公的大胆妄为。

注　释

① 《稼轩词编年笺注》，第 338—339 页。
② 乐段原本是希腊韵律术语，字面意思为"转换"，引申为诗的分层，最早由林顺夫引用来表示词的结构单元。林顺夫认为词的乐段相当于律诗的联，每个乐段"本身都是完整的，呈现出一整套想法或诗性经验，含义有别于其他乐段。每个乐段通常由一到五个单句构成，乐段末字必须押韵，尽管押韵并不只限于末句。"参见 Shuen-fu Lin, *The Transformation of the Chinese Lyrical Tradition: Chiang K'uei and Southern Sung Tz'u Poetry*, Princeton: Princeton University Press, 1974, pp.106—107。译者按：由于原著作者是根据他对某一词调的结构层次的体认来划分乐段，因此，其具体划分可能不同于某些相关中国论著的划分。译文亦从原著，后不再说明。
③ 李延寿《南史》，北京：中华书局 1975 年版，第 3 册，第 835 页。
④ 周祖谟《洛阳伽蓝记校释》，北京：中华书局 1963 年版，第 165 页。
⑤ 方秀洁探讨该词时注意到，"这是一个热切渴望着他的真实自我得到了解的人。"参见 Grace Fong, "Persona and Mask in the Song Lyric(*Ci*)," *Harvard Journal of Asiatic Studies* 50.2(1990), p.482. 而杨海明评论该句指出，狂是辛弃疾引以为傲的最重要的个性特征。参见杨海明《唐宋词史》，南京：江苏古籍出版社 1987 年版，第 447—448 页。
⑥ 译者按：文中分析词作时所用"行"皆对应单独排列的引用词作所呈现的行。
⑦ 欧阳修、宋祁撰《新唐书》，北京：中华书局 1975 年版，第 12 册，第 3871 页。
⑧ 参见吴则虞《辛弃疾词选集》，上海：上海古籍出版社 1993 年版，第 39 页。
⑨ 王琦注《李太白全集》，北京：中华书局 1977 年版，第 3 册，第 1078 页。

⑩《稼轩词编年笺注》，第 9 页。
⑪ 陶渊明《停云》组诗，唐满先《陶渊明集笺注》，南昌：江西人民出版社 1985 年版，第 41—42 页。《停云》其一的末二句云："良朋悠邈，搔首延伫。""搔首"出自《诗经·邶风·静女》。
⑫ 参见陶渊明《停云》其四的诗句："岂无他人，念子实多。"
⑬ 参见司马迁《史记·高祖本纪》，北京：中华书局 1959 年版。《大风歌》全诗云："大风起兮云飞扬，威加海内兮归故乡，安得猛士兮守四方。"
⑭ 参见俞平伯《唐宋词选释》，北京：人民文学出版社 1979 年版，第 208 页。
⑮《论语》卷十四，第三十五则。
⑯ 参见陶渊明《拟古》其八，唐满先《陶渊明集笺注》，第 149 页。
⑰ 笔者意识到这一点是受到高友工（Yu-kung Kao）的启发，在其关于辛弃疾《贺新郎》中三字句的处理特点的研究中，高发现，在辛弃疾的二十三首《贺新郎》中，只要三字句后面接着四字或五字句，词人就会把三字句安排为"一、二"结构，从而让第一个字成为相对独立的领字，而后二字则向紧随其后的四字或五字句靠拢，因此，形成了势不可当的"奔涌"。参见 Yu-kung Kao, "Aesthetic Consequences of the Formal Qualities of Tz'u", Paper presented at the "*Conference on Tz'u Poetry*", York: Maine, 1990, pp.20—21, 14.
⑱ 载于《论语》卷十八，第五则。
⑲ 参见《逍遥游》，王叔岷《庄子校诠》，第 1 册，第 24 页。
⑳ 李白《庐山谣》，王琦注《李太白全集》，第 1 册，第 677 页。
㉑ 参见 Laurence A. Schneider（施耐德），*A Madman of Ch'u: The Chinese Myth of Loyalty and Dissent*, Berkeley: University of California Press, 1980.
㉒《老子》第四十五章云："大巧若拙。"
㉓ Schneider, *A Madman of Ch'u*, p.14.
㉔ 同上。
㉕ 施耐德描述李白所用的词。参见 Schneider, *A Madman of Ch'u*, p.58.
㉖ 这是解释施耐德对陶渊明和李白的评论，谈到二者，他说："我们接近的是一个耽于享乐的个人主义者"，日益趋于避世。参见 Schneider, *A*

Madman of Ch'u, p.59.

㉗ Schneider, *A Madman of Ch'u*, p.58.

㉘ 最佳例子是李白的诗《上李邕》和文章《大鹏赋》。参见王琦注《李太白全集》，第 1 册，第 511—512 页；第 1 册，第 1—11 页。

㉙ 李白《南陵别儿童入京》，王琦注《李太白全集》，第 1 册，第 743 页。"蓬蒿"大概指的是《逍遥游》中"不过数仞而下，翱翔蓬蒿之间"的无知小雀一类，参见王叔岷《庄子校诠》，第 1 册，第 15 页。

㉚ 李白《夜泊牛渚怀古》，王琦注《李太白全集》，第 2 册，第 1049 页。

㉛ 详参房玄龄《晋书》，北京：中华书局 1974 年版，第 4 册，第 2391—2392 页。

㉜ Robert E. Hegel（何谷理），"An Exploration of the Chinese Literary Self," in *Expression of Self in Chinese Literature*, edited by Robert Hegel and Richard C. Hessney, New York: Columbia University Press, 1985, p.10.

㉝ 同上。"直面"一词打引号是因为其引自刘若愚对中国诗歌的评论，他说当诗人面对着从过去走向他们的历史时，是直面时间，而当诗人与时间朝着同一方向时，则是与时间"一致"。参见 James J. Y. Liu, "Time, Space, and Self in Chinese Poetry," p.138. 又载于刘所著 *The Interlingual Critic: Interpreting Chinese Poetry*, Bloomington: Indiana University Press, 1982, p.78.

㉞《论语》卷七，第五则。

㉟《全唐诗》，北京：中华书局 1960 年版，第 3 册，第 902 页。

㊱ Stephen Owen, *The Poetry of the Early T'ang*, New Haven and London: Yale University Press, 1977, p.175.

㊲《稼轩词编年笺注》，第 486 页。

㊳ 辛弃疾《读书》，孔凡礼《辛稼轩诗词补辑》，《文史》1980 年第 9 期，第 243 页。

㊴《孟子》卷十四，第三篇。

㊵ 邓广铭指出此句模仿了《汉书·龚胜传》，龚胜（前 68—11）是汉哀帝朝的高官，有一次不耐烦地推开想接近他的谋士："胜以手推常曰去。"参见《稼轩词编年笺注》，第 487 页。

㊶《稼轩词编年笺注》，第338页。
㊷参见《稼轩词编年笺注》，第306—307页。关于该词的分析详参叶嘉莹《论辛弃疾词》，缪钺、叶嘉莹《灵谿词说》，上海：上海古籍出版社1987年版，第440—444页。
㊸出自辛弃疾《贺新郎·和徐斯远下第谢诸公载酒相访韵》，《稼轩词编年笺注》，第308页。
㊹参见刘文典《淮南鸿烈集解》，北京：中华书局1989年版，第203—204页。
㊺出自辛弃疾《水调歌头·席上为叶仲洽赋》，《稼轩词编年笺注》，第324页。
㊻参见房玄龄《晋书》，第四册，第2406页。
㊼出自辛弃疾《沁园春》(甲子相高)，《稼轩词编年笺注》，第349页。
㊽出自辛弃疾《念奴娇》(看公风骨)，《稼轩词编年笺注》，第406页。其中，"磊落多生奇节"的长松意象，可能化用了《庄子》中多次出现的大树意象，其功用价值不由人为标准来判断。参见《庄子》的《逍遥游》《人间世》《山木》诸篇，王叔岷《庄子校诠》，台北：台湾商务印书馆1988年版。
㊾出自辛弃疾《菩萨蛮》(公名饱听)，《稼轩词编年笺注》，第493页。
㊿出自辛弃疾《满庭芳·和洪丞相景伯韵》，《稼轩词编年笺注》，第66页。
㉛出自辛弃疾《汉宫春·答吴子似总干和章》，《稼轩词编年笺注》，第524页。
㉜同上。
㉝出自辛弃疾《江神子·别吴子似未章寄潘德久》，《稼轩词编年笺注》，第391页。
㉞出自辛弃疾《沁园春·和吴子似县尉》，《稼轩词编年笺注》，第350页。
㉟《世说新语·容止》，第五则。
㊱同上，第十一则。
㊲同上，第四则。
㊳同上，第三十则。
㊴同上，第二十七则。
㊵《世说新语·赏誉》，第四则。
㊶同上，第十五则。

㉖《世说新语·容止》，第三十五则。
㉗《世说新语·品藻》，第三十五则。不得不说，殷在此非常谦虚。但在另一场合，当他被问起："卿定何如裴逸民？"他犹豫良久回答："故当胜耳。"见《品藻》章，第三十四则。
㉘《稼轩词编年笺注》，第361页。
㉙出自辛弃疾《念奴娇》(看公风骨)，《稼轩词编年笺注》，第406页。
㉚刘克庄《题刘叔安感秋八首》，刘扬忠《辛弃疾词心探微》附录，第272页。
㉛参见叶嘉莹《论辛弃疾词》，缪钺、叶嘉莹《灵谿词说》，第431—434页。叶嘉莹的研究还对从南宋至现代的批评家对辛弃疾用典的不同观点做了简要而翔实的综述。参见《论辛弃疾词》，第430—434页。
㉜化用杜甫《登高》诗，参见金性尧《唐诗三百首新注》，上海：上海古籍出版社1980年版，第254页。
㉝这两句典出《三国志》。此后已成为中国北方政权的军事统治者的曹操（155—220），对蜀政权的建立者刘备（161—223）说，天下仅他们——曹刘二者是真正的英雄。详参邓广铭《稼轩词编年笺注》，第530页。应注意的是，当辛弃疾将曹操的话脱离原有语境，用于自己的词作时，这些话的意义已经有所改变。
㉞辛弃疾《南乡子》，《稼轩词编年笺注》，第530页。最后一句典出《三国志》所记另一则轶事，这是曹操发表的评论，当时正值曹操与孙权两军对垒，他亲眼见到孙权的军队怎样出色地排兵布阵。参见缪钺《三国志选注》，北京：中华书局1984年版，第97页。
㉟唐圭璋编《全宋词》，北京：中华书局1965年版，第4册，第282页。
㊱Ronald Egan（艾朗诺），*Word, Image, and Deed in the Life of Su Shi*, Cambridge: Council on East Asian Studies, Harvard University, and the Harvard-Yenching Institute, 1994, p. 227.
㊲陈廷焯的话让笔者想起现代学者郑骞用比喻对苏、辛做的有趣对比，他说如果苏词是清风，那么辛词便是强力电风扇；如果苏词是明月，辛词便是高度烛光的电灯泡。参见郑骞《漫谈苏辛异同》，《景午丛编》，台北：台湾中华书局1972年版，第267页。

⑭ 参见《美芹十论》,邓广铭《辛稼轩诗文钞存》,上海:古典文学出版社1957年版,第8页。
⑮ 参见辛弃疾《送别湖南部曲》,邓广铭《辛稼轩诗文钞存》,第75页。
⑯ 斗是一种立方形木质谷物量器,形似印,但比印大得多。
⑰《稼轩词编年笺注》,第462页。
⑱ 参见辛弃疾《西江月·寿祐之弟时新居落成》,《稼轩词编年笺注》,第527页。"金印大如斗"出自《世说新语》之《尤悔》章:"当取金印如斗大系肘后",参见 Richard B. Mather(马瑞志),*A New Account of Tales of the World*, p.473.
⑲ 出自辛弃疾《西江月·为范南伯寿》,《稼轩词编年笺注》,第25页。
⑳ 出自辛弃疾《瑞鹤仙·寿上饶倅洪莘之时摄郡事且将赴漕举》,《稼轩词编年笺注》,第229页。
㉑ 出自辛弃疾《定风波·自和》,《稼轩词编年笺注》,第272—273页。
㉒ 出自辛弃疾《水龙吟·甲辰岁寿韩南涧尚书》,《稼轩词编年笺注》,第119页。
㉓ 参见辛弃疾《清平乐·为儿铁柱作》,《稼轩词编年笺注》,第192页。
㉔ 吴世昌《罗音室学术论著》第二卷《词学论丛》,北京:中国文联出版社1991年版,第298—299页。
㉕ 同上,第299页。
㉖ 同上,第300页。
㉗ 同上,第299页。赵维江在最近的研究中表达了同样的观点,认为辛弃疾词中确实表现出对声名的强烈兴趣,但值得称赞的是辛弃疾总是把个人成就同祖国的命运联系在一起。参见赵维江《稼轩词与金源文化》,《江海学刊》1998年第4期,第170页。
㉘ 吴世昌《罗音室学术论著》第二卷《词学论丛》,第300页。
㉙ 陈廷焯《白雨斋词话》,《词话丛编》,第11册,第3946页。
㉚《世说新语·尤悔》,第十二则。
㉛《稼轩词编年笺注》,第393页。
㉜ 辛弃疾《水龙吟·甲辰岁寿韩南涧尚书》,《稼轩词编年笺注》,第119页。

㊅ 同上。
㊄ 同上。
㊅《稼轩词编年笺注》，第 73 页。
㊅ 汗血是汉代来自大宛国的一种宝马，据说其汗水呈血色，一日可奔千里。
㊆ "千里空收骏骨"典出《战国策》之《燕策》。战国时，燕昭王要招揽贤才，郭隗给他讲了"千金买骏骨"的故事。故事说某个君主悬赏宝马，三年过去一无所获。直到一天，他的臣子们花高价买了一堆宝马的骨头，君主听说后非常生气。臣子解释说，只有这样才可达到他的目的：人们若是知道君主连马骨都收购，会认为君主必然是真正爱宝马之人。果然，不久之后君主就获得了三匹宝马。这两句词化用了贾谊（前200—前168）的《吊屈原赋》，贾谊抱怨人们把那匹老癞马拴在战车上，而让宝马拉着一辆盐车。该词参见《稼轩词编年笺注》，第 201 页。
㊆《稼轩词编年笺注》，第 31 页。
㊆ 出自辛弃疾《满江红》(倦客新丰)，《稼轩词编年笺注》，第 455—456 页。
⑩ 参见 Irving Lo, *Hsin Ch'i-chi*, p.58.
⑩《庄子·天运》："兼忘天下易，使天下兼忘我难。"参见王叔岷《庄子校诠》，第 2 册，第 509 页。
⑩ 出自辛弃疾《鹧鸪天·戊午拜复职奉祠之命》，《稼轩词编年笺注》，第 337 页。
⑩ Shuen-fu Lin, *The Transformation of the Chinese Lyrical Tradition*, p.183.
⑩ 最早在词学批评中使用"形合（主谓）句式"及与其相对的"意合（并置）句式"的是孙康宜（Kang-i Sun Chang）。详参 Kang-i Sun Chang, *The Revolution of Chinese Tz'u Poetry: From Late Tang to Northern Sung*, Princeton: Princeton University Press, 1980, p.40.
⑩ 参见 Grace Fong, *Wu Wenying and the Art of Southern Song Ci Poetry*, p.36.
⑩《稼轩词编年笺注》，第 527 页。
⑩ 参见 Grace Fong, *Wu Wenying and the Art of Southern Song Ci Poetry*, p.38.
⑩ 参见 Grace Fong, *Wu Wenying and the Art of Southern Song Ci Poetry*, p.39.
⑩ 据方秀洁的研究，当辛弃疾创作长调时，"他经常使用这种散文语法，使

得韵脚前的乐段单元是相对封闭的"。参见 Grace Fong, *Wu Wenying and the Art of Southern Song Ci Poetry*, p.39.

⑩ 确如叶嘉莹所说,辛弃疾豪放特征的自我表达,不仅体现于其作品的主题内容,而且体现于其打破常规的词体应用形式。参见叶嘉莹《论辛弃疾词》,缪钺、叶嘉莹《灵谿词说》,第430页。

第三章　写尽胸中磈磊

> 长恨复长恨，
> 裁作短歌行。
> 何人为我楚舞，
> 听我楚狂声？
> ——《水调歌头》

在前章我们已经了解到，辛弃疾词中的抒情主人公坚决地要求成为被关注的焦点，如果事与愿违，他便通过积极地美化自我和展示个人价值来表达他的强烈抗议。在本章我们将看到辛弃疾狂傲自我的可能不那么阳光明媚的另一面，亦即其愤懑的表达。

如此高傲的辛弃疾也会陷入悲愤，对此我们不必太过吃惊。高扬的自尊心自然使他敏感于卑鄙小人的无耻轻视，以及自我真正价值的被埋没。因而，他的胸中郁积着无尽的怨愤，随时可能倾泻而出。正如他自己的激烈表达："写尽胸中，磈磊未全平。"[1]

辛弃疾时常自我认同于过去那些怀才不遇的英雄，即某些历史悲剧人物。其中，他最同情的是西汉传奇英雄——飞将军李广（？—前119）。其《卜算子·漫兴》写道：

千古李将军，

夺得胡儿马[②]。

李蔡为人在下中，

却是封侯者[③]。

平庸者占尽了本该付与真英雄的美事，令词人感到痛心。他在多首词中反复引用李广将军遭到势利官员羞辱的著名故事。李广被罢免后，屏居于灞陵附近。某夜，他在回家的路上，突然被灞陵的守尉喝停。他的随从告诉守尉，此乃"故李将军"，守尉却冷笑着说："今将军尚不得夜行，何乃故也！"[④]辛弃疾在《贺新郎》（碧海桑成野）里提到这个故事的时候简直咬牙切齿：

忘却沧浪亭榭。

但记得、

灞陵呵夜[⑤]。

词人快意恩仇的声音似乎来自切身体会[⑥]，他不只是在讲述别人的故事[⑦]。

有趣的是，史载李广讷于言，很少谈论自己，而辛弃疾却太富有表现力了，声如其人。前章我们已经看到了，辛弃疾在最为骄傲的时候，要求得到天下人的关注，而在本章我们将发现，他在悲愤时依然想要整个世界都倾听他的诉说。况且，他确有自己的独特方式，让人对其与众不同的悲伤印象深刻。

下面这首《丑奴儿·书博山道中壁》是词人的名篇之一：

少年不识愁滋味,

爱上层楼。

爱上层楼,

为赋新词强说愁。

而今识尽愁滋味,

欲说还休。

欲说还休,

却道天凉好个秋[8]。

词人利用该词调完美的上下阕对称结构,造出了两种诗意表达的鲜明对比:高调夸张的与低调内敛的。由于其中关于文学常识性原则的精警表述,它成了引用率很高的格言。批评家认为它揭示了"语言与情感之关系"[9];认为它让我们想到"老子的知与言互斥悖论"的哲学深度[10];甚至认为它与"罗兰·巴特(Roland Barthes)作为一种文本策略的语言缄默构架的所谓'消失的出场'"之间有着相似性[11]。

尽管脱离辛弃疾全部作品的背景,把该词拿出来阐释一般性文学真理也未尝不可,但如果你的任务是研究辛弃疾这位词人本身,当然不应用此种方法来解读它。辛弃疾并非批评家,不能仅仅按字面理解便把他的话当成文学批评。例如,读罢该词,如下解读显然是难以令人信服的:词人早期的作品是少年行事的产物,而晚期的作品才是真实情感的表达。即如此首《丑奴儿》中所暗示的,假如我们早先真的已被刻意创作新奇诗歌的新手词人蒙骗，那么我们也无法保证现在不会被这位阅历丰富、识尽人生滋味的老词人再次欺骗。

让我们暂且把这首小词的哲学性、批评性内涵放到一边，把它仅仅当作另一首辛弃疾写于某一特别时刻和特别地点的词来解读吧。那么我们首先应当问，词人为什么要写这首词？

因为他的悲愁。词人创作该词不只想让你知道，他比过去更加真诚了，更重要的是，竭力让你相信他真正悲愁至极。

每到秋天，树叶飘零、溪流干涸，中国传统的诗人、学者和文人士大夫都会生出季节性的感伤。此时，极有可能词人登上了多层的高楼，此种高楼他年轻时为了寻求多愁善感的新鲜刺激也曾登临过。突然，一股词人自己也难以道明的极其幽微的情感涌上了心头，他变得很难过。回想过去，他发觉自己青葱岁月的感伤情调竟然如此肤浅，简直令人尴尬。相比之下，如今的悲愁却是如此真实而深刻。正如他时时欣赏非凡的自我，并总是希望所有人都膜拜其狂傲的自我形象，此处他以同样的热忱细细品味着自己独一无二的敏锐悲感，并且不可遏止地要炫耀他这种感受。

但他意识到直言无隐的表达只会破坏那种感受的美好，他真正想描述的实则难以形容。所以他犹豫再三，斟酌用语。最终，冲口而出的是一句："却道天凉好个秋。"

看起来词人几乎没说什么。只因为我们太轻易相信他所说的"欲说还休"，从而把该词当作抒情保留的案例。然而，假如我们不听其言，只察其行，自己去解读该词，就会发现他绝非缄默寡言，甚至说了很多。

词人以嘲笑自己年轻时的抒情行为开篇。如此毫不留情的自我批评，原因只有一个，他意识到，如果告诉我们他年轻时其实不识愁滋味，会更容易令我们确信他如今深知愁滋味。而这种刻意对比通过该词的章法布局得到了强化。上下阕的首句之间构成了对照，一句承认词人当年的天真，另一句则声称如今的成熟，形成强烈的相互对立。同样地，将其年轻时的哀叹斥为无病呻吟嗤之以鼻，他也就让我们放松了警惕，诱导我们不假思索地相信，他现在所表达的确是深刻而真实的悲愁。

因此，词人所谓的节制与保留，欲说还休，其实不但是说，而且是有力地说。可能有人会争辩，他所有的话都是间接说出来的。然而，不难看到，在词人对我们连声发誓休言悲愁之前，"愁"字已经被他说了三次（第一、第四、第五行）。别忘了这是仅有八句的小令，却以如此强调的形式写出"愁"字。其中两例的"愁"字嵌在短语"愁滋味"之中，而该短语均位于上下阕首句的结尾，这通常是更引人注目的位置。可以说，词人的悲愁无处不在。

即便我们相信词人仅仅说了一句"却道天凉好个秋"，但这并非漫不经心的无聊之语，而是词人有意精心选择的表达。如上文提及的，秋是中国古代诗人产生悲感的季节。不论是因为他们的心理和生理机制对秋天的意识过于敏感，还是因为他们认为自己作为中国传统的一分子，悲秋是义不容辞的，每当秋季到来，他们总会登临大山或高楼吟唱他们的悲歌。辛弃疾深知此传统，该词上阕的自嘲便可理解为对该传统的轻微讽刺。但是，他也意识到自己可以利用这种固有的抒情手法。既然秋与愁有关，提到

"秋"的时候,就已经说出了一半的"愁"。每个懂得汉字书写系统的人都明白,此处的"一半"从字面来看,的确就是一半。"秋"字构成了"愁"字的一半。

词人不是碰巧撞见了这个贴切的文字游戏,而是进行了精心的设计,他充分利用了《丑奴儿》词调完美的上下阕对称结构。尽管对词,尤其是小令,上下阕完全对称的结构并非罕见,《丑奴儿》词调的特别之处在于,上下阕都有两个重复的中间句,极大地增强了两阕之间的统一性。我们已经见到了,词人如何运用这种对称抗衡结构,突出关于"愁滋味"在不同人生阶段的不同理解的对比(第一、第五行)。我们不妨去发现更多两阕之间的对比或关联。现在来看原文,"秋"字落在整首词的末尾,如果到前文寻找它的对应,那便是上阕末尾的"愁"字。这两个相互呼应的字位于该词的两个显眼之处,十分突出。欣赏这文字游戏只需有点想象力,把"秋"放在"心"上,便生成了"愁"。尽管我们不知道南宋后期著名词人吴文英在写《唐多令》的时候,是否想到了辛弃疾的这首《丑奴儿》,但吴词开头二句真可视为辛词的极佳注解:

何处合成愁,
离人心上秋[12]。

所以,辛弃疾的"却道天凉好个秋"是表示词人悲愁的巧妙的代码。但我们需要把它放在文本中解读,才能充分理解其意义。词人只是在重申了"欲说还休"之后(第六、第七行),才长叹一声:"却道天凉好个秋。"当然,该重复是词调的固有形式所要求的,其生成可追溯到该词的音乐起源。但该调的这种重复到了辛弃疾笔下,被他赋予了新意义。词人说:"欲说还休。"然而,其内心"说"的冲动是如此强烈,以至于克制之后,他仍然想要再说,我们完全可以想象其死灰复燃的情感比之前来得更汹涌。犹豫之后,他发现自己不得不再次"欲说还休"。他不只是把同样的内容说了两遍,重复的话其实是反映出痛苦的内心挣扎的渐进过程。因此,他最后所说的揭示了真相。尽管他一再努力抑制自己说出悲愁的冲动,还是忍不住发声了。他的叹息"却道天凉好个秋"当中的悲愁是由一个谜语来暗示的,但他给了我们解开谜题的所有线索。他太希望我们能看穿他的谜题了。

现在我们再回顾整首《丑奴儿》词,还可以说词人正在践行着他的抒情保留吗?有人可能仍然辩解说,他是含蓄地说出悲愁的,而可能也有人会说,这其实一点也不含蓄。但无论他是含蓄地,还是明确地说出了这一切,都不是太要紧。因为我们之所以相信他很悲伤,在于他向我们呈现了他的整个心路历程。通过那八个词句,他向我们展示了内心的矛盾、怀疑和犹豫,以及迂回曲折的情感发展。最终的结果是他的悲愁得到了充分的表达。

关键在于,你告诉人们你什么都不会说,事实上你却什么都说了。同样的策略还被词人用于其他的悲愁之作,尽管经常某种程度上有所伪装。兹举一例——《南歌子》词:

世事从头减,
秋怀彻底清。

夜深犹送枕边声,
试问清溪底事、
未能平?

月到愁边白,
鸡先远处鸣。
是中无有利和名,
因甚山前未晓、
有人行[13]?

该词题名为"山中夜坐",在词的开篇,词人显得相当平静,远离喧嚣的人群,沉浸于秋天的冥想之中。他审视自己,觉得现在完全无忧无虑。但当我们接着往下读,发现他试图抚慰这条咕噜咕噜抱怨的清溪时(第四至五行),问题便出现了。溪流永远不可能抱怨,是词人自己深陷于痛苦。他刚声称自己已经抛弃所有的世俗之事(第一行),心怀"彻底清"(第二行),随即却投入了与"清溪"的激烈对话,或者更准确地说,是为了探寻自己心中悲伤的来源而与自己内心的对话。矛盾的是,他试图"从头减"的东西,正是他固执地寻找的东西。这一抒情困境因两方面的强烈对比而愈加突出:一方面是万籁俱寂的秋夜和词人假定"彻底清"的心怀,另一方面却是抱怨的溪流和失眠的词人焦虑的叩问。

词人所透露的内心挣扎,是为其在后文公然表达痛苦做铺垫。如果说他在上阕仍克制着不说出"愁",那么该词在下阕就毫不含糊地出现了。词人不再吹嘘其心怀的清澈，而是让读者感到他的内心如此沉重，乃至月亮都因他格外惨白（第六行），正如那淙淙的溪流声在他悲伤的耳朵听来也像是抱怨。他不需要告诉我们他有多难过，只要让我们知道他彻夜坐在那里，直到公鸡打鸣，早行的人已经上路，便足够了。这忙碌的尘世的脚步，让他想起了一段《孟子·尽心上》里的话："鸡鸣而起，孳孳为善者，舜之徒也；鸡鸣而起，孳孳为利者，跖之徒也。欲知舜与跖之分，无他，利与善之间也。"[14]

辛弃疾拒绝接受孟子设定的这种区别。他用一个暗示着无人不为名利而努力的问题结束了全词。我们无法分辨，究竟这是对孟子道德理想的严肃挑战，还是对其自我人生经验的反思，抑或只是对其早前声称已"彻底清"的所有尘世俗务做出的愤世嫉俗的断语。颇具讽刺意味的是，该词以词人根除俗念开篇，却以他为名利的辩解收尾，而且我们能分辨出其声音包含的苦味。别有意义的是，词的上、下阕都以没有回答的问题结束，每个问题都是由一个九言长句（通篇最长的句子）构成。我们读到这两句的时候，极易被它们一泻而下的力量感染，被它们辛辣的味道搅动。

以下这首《浪淘沙·山寺夜半闻钟》词，与《丑奴儿》呈现了惊人相似的诗意布局：

身世酒杯中，
万事皆空。
古来三五个英雄。

> 雨打风吹何处是,
>
> 汉殿秦宫?
>
> 梦入少年丛,
>
> 歌舞匆匆。
>
> 老僧夜半误鸣钟。
>
> 惊起西窗眠不得,
>
> 捲地西风[15]。

从词题我们可知,词人远离俗世、获得一夜宁静的希望又一次被某些想方设法传到枕边的夜半钟声毁灭了。像上文考察的《南歌子》一样,该词开篇又显得极其平静。词人明白万事皆空,将自己的人生交付于酒杯(第一至二行)。既然他现在身处一座寺庙之中,对他而言,很适合用佛教术语"空"来总结人生的意义。似乎为了使自己更加确信人生之空,他快速瞥了一眼历史,提醒自己成功与荣耀的转瞬即逝(第四至五行)。此处他的内心看起来是"彻底清"的。

然而,我们会发现在这平静之中有一个词句很难安放。词人说完万事皆空之后,告诉我们自古以来仅有极少的几个英雄(第三行)。他究竟想表达什么意思呢?假如意味着世上没有任何事物能经受住时间的风雨,包括伟大的事迹和声名,那么,他其实是在将自己辉煌的过去与那几位英雄做一个不言而喻的比较,因为他正以那些英雄为例来自我安慰,并说服自己放心地将人生交予酒杯。假如强调的是英雄的数量甚少(三五个)——整个历史长河仅有极少的真英雄,那么词人暗示的是成为杰出英雄的可取性。这两种情况都不可能用来说明人生之空幻。相反,它们要么惋惜荣耀不再,要么鼓励竞争。因此,在上阕的平静表面之下,埋藏着词的下文将呈现悲伤与不安的种子。

的确如此。下阕词人在梦中回到了美好的过去,而他在上阕塑造的赋闲的无忧无虑的自我形象遭到了破坏。如果抒情主人公甚至想把梦境当成真实,你当然不能指望他会认为"万事皆空"。他对那些梦境执迷不悟,对它们的转瞬即逝深感遗憾。而在老僧用不合时宜的夜半钟声叫醒他之后[16],他无法再入睡。后半夜他便一直坐在那里,听着那曾扫荡历史上所有过往英雄荣光的风声。

词人没有提到悲愁,却在我们眼前生动地呈现了悲伤情感蜿蜒曲折不断加深的过程。词人求助的策略是前述"欲说还休"抒情模式的变奏。先在上阕表达他要忘掉一切世俗事物的愿望,然后在下阕却成功地说服我们,他试图忘怀的,根本无法忘怀,抒情主人公深深的悲愁便由此见出来。

而在不同层次上的对照有助于传达词人的痛苦与困惑。词人梦中青春岁月的荣光偏偏断送在误敲误撞的老僧手中。年少与年老,荣光与昏朽,梦境与现实的对立,意味深长。但最撼动人心的一组强烈对照是,曾为英雄的词人自己,在午夜深山的与世无争的佛寺里,想起了过往叱咤风云的英雄,连带也唤起对自己一去不返的英雄岁月的追忆。将该词与下列《破阵子·为陈同甫赋壮词以寄之》比较,你将能更好地理解词人感受到的伤痛:

醉里挑灯看剑,

梦回吹角连营。
八百里分麾下炙[17],
五十弦翻塞外声[18]。
沙场秋点兵。

马作的卢飞快[19],
弓如霹雳弦惊。
了却君王天下事,
赢得生前身后名。
可怜白发生[20]!

由于该词上阕第二句的"梦回"可以有不同的解读方式,该词主体部分所展示的大张旗鼓的军事场面是现实还是幻想,尚不十分清楚。有学者建议把"梦回"理解为"梦中我回到",即将随后的句子当作梦中的场景[21]。笔者所采纳的是另一种解释,尽管对此还有所保留,即号角的声音传到词人的耳边时,他从梦中醒来。但即便我们接受了后一种解读,仍不可否认该边塞场景的虚幻性。当词人听到号角声的时候,他只在半睡半醒之际,尚流连于梦境。梦境的产生,源自他此前曾带着醉意在灯下深情地把玩心爱的宝剑,这一定是个被兵器和马蹄的哐当声惊扰的梦。通过"醉"和"梦"二字突出地立在开篇两句的句首,词人不仅把我们从现实带到梦境,而且也把梦境投射到现实。因此"梦回"引起的歧义几乎是作者有意为之。

至于梦境与现实相融合之意,似乎没有引发异议。学者们毫不费力地就将半是虚幻的边塞场景与词人年轻时的传奇英雄业绩联系起来,并且达成了共识:这是词人爱国主义情感的一种表达。他渴望抗金,哪怕在梦中。但这些梦频频被现实挫败,令他极其难过。

该解释被普遍接受,因为它永远不会错。但这种既安全又完美的解读其实模糊了真实图景的焦点。词人实现"君王天下事"的希望当然有其历史方向:金人统治下的北方领土尚未收回。但是,当他告诉我们,他期望通过这项成就赢得不朽的声名时,我们感觉到该词明显地透露了词人的勃勃雄心,而不只表达了爱国情绪。

事实上,辛弃疾在写作该词时,有意遵循了边塞诗这一古老传统。这种诗歌类型长期以来一直包容着各种不同的,甚至相互冲突的诗歌主题,其范围从边疆地区的战士遭受的苦难和他们家中妻子思念的痛苦,到富有异域情调的壮丽的边塞风景,以及军事壮举的展示和雄心壮志的表达。而盛唐王朝由于其作为大一统帝国的势力扩张和浪漫的时代精神,见证了该诗歌类型的繁荣。边塞诗突然呈现出积极乐观的情调,其主旨为探险精神带来的刺激和对军功的热烈追求。辛弃疾的《破阵子》无疑属于这一类型,尽管其带给读者的最终印象绝不是乐观的。

从广袤无垠的沙漠上几乎如节日般的庆典和"五十弦"奏出的异域情调旋律,我们感觉到了在蛮荒之域的军事冒险所激起的亢奋,与唐代诗人王翰绝句中所记的一样:

葡萄美酒夜光杯,欲饮琵琶马上催。

醉卧沙场君莫笑，古来征战几人回。㉒

此外，辛弃疾词对武功的炫技，也丝毫不亚于下列两首由唐代诗人卢纶作的绝句：

林暗草惊风，将军夜引弓。
平明寻白羽，没在石棱中。㉓

月黑雁飞高，单于夜遁逃。
欲将轻骑逐，大雪满弓刀。㉔

确实，辛弃疾词缺少了许多唐代边塞诗中那种"士兵在征战中视死如归与奋不顾身"的豪迈㉕，如上引王翰诗中所见。辛词中的主人公更加纪律严明，其能量与阳刚之气并不是为了消耗于狂欢而存在；相反，它们得到了极佳的控制，并且转化成为实现"君王天下事"的伟大成就而制订的周详计划，当然，也为了传颂于千秋万代的不朽声名。

但当词人雄心勃勃的英雄主义到达了顶点，而读者几乎都忘了所有的华彩和荣耀不过是一梦时，词人却把他们拉回到现实："可怜白发生。"此后，他便缄口不言，留下来的死寂暴露了主人公的雄心遭到无情的挫败时，他的伤痛有多剧烈。

为了更好地理解这种痛苦，不妨回忆一下我们在第二章考察过的《南乡子·登京口北固亭有怀》，词人仰慕三国时期英雄孙权的成就，认识到人生的意义在于青史留名。有意思的是，在那首词中，正如现在讨论的《破阵子》，抒情主人公也拼命追求荣光永驻——不但自己是历史舞台上的胜者，而且子子孙孙也总是赢家。试想一下，对一个极具声名意识和蓬勃雄心的人来说，他在有生之年取得成就的希望破灭，情何以堪？

词人的确没说多少——最后一句他仅用了五个字来诉说他有多痛苦。但是我们感受到了其痛苦之深重。这戛然而止的强大效果赢得了许多批评家的热烈掌声，包括现代词学领域的权威学者夏承焘。夏不止一次评价辛弃疾运用的这个逆转前九句的结束句[26]，称该技巧特别不同寻常[27]。然而，值得指出的是，辛弃疾这个大胆的诗歌手法再次反映了他受到了边塞诗老传统的影响。许多盛唐边塞诗人喜欢摆弄该技巧，即于诗歌结尾时来一个出其不意的反转。卢照邻的这首杂曲歌辞即典型案例：

> 长安重游侠，洛阳富才雄。
> 玉剑浮云骑，金鞍明月弓。
> 斗鸡过渭北，走马向关东。
> 孙宾遥见待，郭解暗相通。
> 不受千金爵，谁论万里功。
> 将军下天上，虏骑入云中。
> 烽火夜似月，兵气晓成虹。
> 横行徇知己，负羽远从戎。
> 龙旌昏朔雾，鸟阵卷寒风。
> 追奔瀚海咽，战罢阴山空。
> 归来谢天子，何如马上翁。[28]

游侠型剑客的热血能量在他们挺进蛮荒之域的大胆远征中找到了理想的表达。正是在他们带着所有的荣耀班师回朝时，才突然意识到为此付出了多么高昂的代价。该诗与辛弃疾的《破阵子》存在惊人的相似。然而二者在如下两方面有所不同：首先，尽管卢照邻的诗提及激烈的战斗，但基本上是关乎兴奋与喜悦的轻松的诗。由首联的欢快和接下来夸饰藻绘的华丽色彩所暗示的俏皮语气，贯穿于全诗。因此，最后一句的对比效果被削弱了。这里幽默变成了讽刺，还带着点愤世嫉俗的怨。而在辛弃疾的词中，主人公是专心致志的。他严肃且焦虑的声名追求被突然意识到的残酷事实惊醒。全词收束时的那种陡转可谓痛彻心扉。

其次，卢照邻和辛弃疾作品结尾的戏剧性效果极大地受到他们所遵守的不同形式结构的影响。卢照邻的诗作是诗体形式，结尾部分，不论是联对，还是句段，通常都是留给诗歌的结束性总括，如议论、顿悟式反思、道德说教，或对诗歌主体内容的情感反应。因此，我们在卢诗中所见的悖论式的结尾并非不可想象；相反，某种意义上它正是诗歌的文体特征所要求的。

至于词的文体，情况则非常不同。词的基本组成是阕，大多数词调包含大致上对称的两阕。这种形式特征带来的第一个影响是，如林顺夫的研究发现的，一首词的进程"被切成两半。整体表达必须由相互补充又完全分开的两阕来完成。"[20]从词的早期发展阶段开始，词的创作者就已经意识到这种最终成为规范结构的惯例，即词人使用分阕来指示时空的变化，或者提示读者描写或叙事的改变，或者强调描述与议论、叙事与情感呼应之间的对比。

了解了上述情况，我们便明白辛词结尾不同寻常的效果不只是突然收束带来的。他通过大胆地突破常规的分阕形式——其毫无间断的战争场面特写（第三至七行）将词的两个部分连成了一体——打破了读者根据以往词作欣赏经验而做出的对两阕之间的转折或变化的预料。如此一来，他达到了两个目的：其一，残酷地摧毁了读者对词调中间停顿的期待；其二，在结束全词之前，再一次让读者猝不及防，在意料之外的地方做出一个意料之外的形式上的改变。

所以，恰如处心积虑的词人所期望的，读者因对深层意义的饥渴而产生的注意力被引向了至关重要的结束句。其含义已然在那里，主人公的白发与其扣人心弦的梦想之间的关系，无须说明。词人没有说他很痛苦，很愤怒，但他其实千方百计，甚至通过打破再重建该词调所承袭的形式结构的办法，来确保读者知晓他何其痛苦、何其愤怒。

且容许笔者进一步明晰观点。辛弃疾看似——但绝不是——缄默或者含蓄的手法，即司空图（837—908）所提出的备受讨论与称赞的技巧："不着一字，尽得风流"[30]。不过，含蓄的诗人会严格保守他的秘密，而辛弃疾却告诉你，或者暗示你他有秘密，然后积极地给你建议，如何破解该秘密。

此处值得适当回顾前面讨论到的《丑奴儿·书博山道中壁》。我们可以说词人宣称的"欲说还休"为不着一字的例证吗？他告诉人们他努力克制不说，其实在大声发言。暗暗地耍手段无疑是明智的，而明目张胆地知会读者你正在暗暗地耍手段则是愚蠢的。然而，由于你的读者永远不会认为你有可能愚蠢至此，你这么做的时候，实际上双倍智取了他们。至于我们正在讨论的《破阵子》词，如果说辛弃疾没有期望读者准确无误地理解其戏剧性地呈现于词之结句的主旨，那将是对常识的侮辱。他并非克制地不让读者知晓其"欲说"，相反，他巴不得你知悉。所以，正如他在《丑奴儿》中用"秋"字说出了一半的愁，如今在《破阵子》中，他千方百计地引导你留意其白发，差不多用手指着它们了。假如你仍不明白他的用意，显然问题不在他。

含蓄的诗人以挖掘和发现的审美愉悦犒赏读者，而辛弃疾却以其强烈的、极其情绪化的情感震慑读者。在前一章中我们看到了自信的主人公怎样以其锋芒毕露的狂傲吸引读者，而本章我们所见的主人公似乎不那么张扬。传统批评家和现代批评家都注意到了，辛弃疾也会以柔和的声音说话。清代批评家周济曾试图总结这一特点，说辛弃疾懂得如何"敛雄心，抗高调，变温婉，成悲凉"[㉛]。尽管笔者不打算毫无保留地接受周济的结论，仍惊叹于他敏锐的观察。他仅用两个极为强韧的动词"敛"和"抗"，便道尽了原委。但我们是如何知道词人敛其雄心，抗其高调的呢？难道不正是因为他付出了痛苦的努力才能做到，其温婉的表面几乎无法掩盖一个挑衅和毫不妥协的灵魂？他的声音可能有时听起来是平静的，然而其人仍是那个狂傲、执着甚至顽固，拒绝屈服之人，始终如一。对他来说，炫耀自己强烈的情感是自然而然的。正是由于上述原因，他总是告诉你："请看，我并没说……我并没说……"，但与此同时，他的话说得响亮而清晰。

接下来这首词作《摸鱼儿》，极其符合周济给辛弃疾定义的

"温婉":

> 更能消、
> 几番风雨,
> 匆匆春又归去。
> 惜春长怕花开早,
> 何况落红无数。
> 春且住。
> 见说道、
> 天涯芳草无归路。
> 怨春不语。
> 算只有殷勤,
> 画檐蛛网,
> 尽日惹飞絮。
>
> 长门事,
> 准拟佳期又误。
> 蛾眉曾有人妒。
> 千金纵买相如赋,
> 脉脉此情谁诉[32]?
> 君莫舞。
> 君不见、
> 玉环飞燕皆尘土!
> 闲愁最苦。

> 休去倚危栏，
>
> 斜阳正在，
>
> 烟柳断肠处[34]。

第一人称的叙事中，一个女性的声音哀叹着她的青春被白白浪费。但即便随意地浏览也会看出此为寓言诗，她烦恼的真正原因见于第十五行："蛾眉曾有人妒"，显然化用了屈原《离骚》中的诗句[34]。的确，《离骚》中对香草美人的追求如何屡遭卑鄙小人诽谤搅扰的隐喻被借用到此处。但与之不同的是，《离骚》中扮演追求者和被追求者的性别角色并非始终如一（尽管屈原有时自取男性情人讨好冷美人的声音，以美人代表其君主，但更多的时候，尤其是当他凸显自己的内在品质的时候，他又把自己比为美人），而辛弃疾词中的追求者无疑是位美丽的女性，她渴望获得男主人的宠爱。这一区别很重要，因为抒情主人公被认为应当始终以温柔的女声来言说。

该词中的声音的确如此温柔。实际上，该词的抒情过程维系于精心设计的一整套声音。起首两行开头的"更"和"几番"暗示这已不是该角色初次被"风雨"（第二行）困扰了。这两行的设问也揭示了她心中不可避免的恐惧："匆匆春又归去"（第三行）。此一"又"字暗示与春天相伴随的痛苦经历的似曾相识性，而"匆匆"的表达，用了拟声双音节叠词，透露了该美丽女子对伴随着风雨发生的季节变化的敏锐。在接下来的乐段中，这种意识有了更深的表达。她"长"恨花开太早，花落太疾，眼下"落红无数"无疑令她难以承受，心痛不已。

上阕的后半部分向我们呈现了该女子如何努力挽留春天（第六至八行）。其说话的语气不是在命令，而只是在恳求，且其声音的不自信与犹豫不决通过"且"和"见说道"的限定性语气（第七行）得以暗示。她企图把春天唤回的痴情傻气和对春天完全不理会她的抱怨传达给我们，其中不仅有她是多么的心烦意乱，还有她是多么的天真与淳朴。

顿时，一位拥有细腻而极易感伤之心灵的美丽女子形象跃然纸上。一系列精心安排的"时值"词——前文提及的"更""几番""匆匆""又""长"等，生动地描绘出女性的细腻和易感。接下来，仅有的三个与温柔敏感的主体性相关的动词——"惜""怕"和"怨"，无不带着脆弱的情感色彩。甚至该女性声音不同方面的呈现顺序都经过了精心设计，以便投射出充满焦虑的纷乱的内心。该词以设问开篇（第一至二行），其答案却隐含在转折词"何况"所暗示的曲折微妙的感受中（第五行）。接下来是坚持不懈然而论述乏力的劝说（第六至八行），以及突然爆发的抱怨。最终，凝视着破碎的晚春景象，迷失在忧郁中。一个整体的独白声音模式将所有的这些串联组合在一起，其逻辑不是理性的，而完全是情绪化的。

随着这一独白进入下阕，这位美丽的女子通过化用或是改编一个历史掌故来让我们瞥见她悲伤的秘密。该掌故中，悲惨的皇后一直渴望重获君主的宠爱，嫉妒的情敌们以造谣和诽谤毁灭了她的希望。从这些仔细斟酌的用词"准拟"和"又"（第十四行）中不难解读出其失望之深，其内心伤痛之重。颇费思虑的计划和刻骨铭心的期待再次被挫败了，绝望随之而来。她似乎表示要放弃，因为即使有人帮她写了一封感人至深的信，她似乎也没有办法找到收信者。她如此温柔的心灵却无人可以倾诉。这预示了该词结尾部分的情绪，她劝告自己不要自我折磨，别在斜阳西下烟柳的时候去倚危栏。

这个故事的情节近乎完美无缺。贯穿始终（或几乎贯穿始终）的是一位温柔女性的声音。令人不安的晚春景象——落红、屋檐下的蛛网、残阳，都是通过感性的女性视角呈现。而连接该词上下两阕的历史典故，说的是一位温柔女子所承受的难以忍受的伤痛。在所有这些因素的共同作用下，该词呈现了另一层意义：在遭遇轻视的深重伤害之后，一颗雄心的苦涩与怨恨。借助于故事情节的女性气质的感发力量，抒情主人公痛苦的困境得到淋漓尽致的表现。其哀怨既难以说出，同时又难以隐忍。

但这还不是故事的全部。读者不需太警觉就可以注意到，以上讨论其实遗漏了下阕的中间部分（第十八至二十行）。而这部分所透露出来的语气与前述温柔女子纤婉的声音颇有扞格。

下阕的中间部分由一个祈使句（第十八行）和一个反问句（第十九至二十行）组成，都直接针对着一个第二人称的"君"。"君"通常用作敬语或尊称，在这里却特指词人蔑视与痛恨的对象。词人说："君莫舞。"这一祈使句传递的信息内含，与明确用于敬称、尊称的内涵，反差如此强烈，不但揭示了词人的愤怒，而且还带着一种威胁。为了确保此威胁不被忽视，词人又发起了新一轮攻击。他再次称他的敌人为"君"，说道："君不见，玉环飞燕皆尘土！"该问句的反诘意味如此强劲与咄咄逼人，只能视为对上述威胁所采取的令人难忘的后续行动。

如果我们将这突然爆发出来的情感放在上下文中解读，便可以看出它不可能是那个我们已经熟悉的柔美女子发出的声音，尽管有时不乏抱怨，但她总体上还是柔婉的。在下阕开始的时候，她的语气开始渐含辛味和尖刻，但依然是克制的。其苦涩之来源，与其说是对善妒者的怨恨，不如说是一腔柔情无人可诉的怅憾。第十六行中"纵"即强调了这种无助与无奈（隐含于第十七行的设问）。假如我们暂时跳过下阕中段这"君莫舞"的突然的情感爆发，可以发现，一直到全词结束，尽管这位淑女的倾诉全都关乎孤寂的悲伤（第二十一行）和令人心碎的场景（第二十四行），但她的声音里没有仇恨。她甚至没有提高音量，看起来她更愿意将痛苦埋藏在心里。

我们不厌其烦地复述这首词的"情节"，目的在于揭穿辛弃疾的老把戏。他巧妙地借助一个温柔的声音，用一个相当连贯的故事来暗示其"欲说还休"的婉转。一方面，随着一个失宠伤神的故事一步步展开，从上阕推进至下阕，动人的情感力量不断地蓄积，抒情主人公千方百计地暗示她如何"欲说"。但另一方面，她的悲伤与痛苦被小心翼翼地控制于训练有素的舌尖，"欲说"的冲动被克制住，其所"欲说"没有被直接说出来。但是，突然间，一个强有力的张扬的新声音——"君莫舞"，从这一婉约的故事层面爆发出来，大声地宣告词作在新的维度上所具有的另一层含义。两个层面之间的这种张力有其特殊的价值。并非因它有利于揭示词作中原已够清楚的比兴寓意，而是因为它让词人有机会将其真实意图用一种赤裸裸的直接与强力展现在读者面前。含蓄的词人可能会满足于暗示性的故事层面，因为这可以让他传情达意又避免唐突；可是辛弃疾想要的更多——或是《丑奴儿》中的"愁"与"秋"之间的文字游戏；或是《破阵子》末句颠覆整个局势的出人意料的逆转；又或是我们现在所见的词人对其煞费苦心设计出来的比兴程序的情不自禁地"闯入"——如此一来，他便可以让读者确凿无疑地感受到其真实自我的存在。

现在我们便可以回顾周济对辛词特点的相关评论了，周济认为辛弃疾是懂得怎样"敛雄心，抗高调"的词人。的确，在上面讨论的这首词的故事情节里，辛弃疾努力克制着傲慢的自我，并避免使用高调。他仅仅暗示其"欲说"，而不是公然言说。但是词人的真实自我最终还是突然侵入寓意故事的进程，用一个全然不同的声音说话。这种两个层面的意义的并峙，或许还有另一个优点。通过展示两个声音之间不言而喻的张力，词人有意透露了他多么努力地"敛"或"抗"，却总是徒劳的"秘密"。词人带着狡狯的坦诚摊开双手："我尽力了，但我的确不知我压抑的情感怎么做到挣脱束缚的。"对于辛弃疾而言，老练常常体现为假扮的天真。

词人的坦诚是狡猾的，而其天真则是伪装的，因为这些都是他设计的一部分。该设计中最引人注目的是，从"达意"的意义上说，他精心炮制的比兴寓言实属多余。正如我们在《丑奴儿》中所见，词人等不及让隐含的意义从故事情节的隐喻中自然地呈现，便急不可耐地呼吁读者关注这一蕴含在寓言包装里的寓意。这是辛弃疾的典型手法，实际上，也可以视为前章所讨论的词人之张扬性的一种变体。如果将辛词的这一独特表达手法置于词体风格发展的背景下来考察，其意义可更加凸显出来。

上文曾引述的词评家周济曾极具洞察力地谈到词体发展中的一大转变，这一转变可以解释北宋词与南宋词在风格取向上的不同，而值得注意的是，辛弃疾便是处于该转变节点上的两大关键人物之一：

> 北宋词，多就景叙情，故珠圆玉润，四照玲珑。至稼轩、白石一变而为即事叙景，使深者反浅，曲者反直。㉟

像大多数中国传统批评一样，这段文字的含义笼罩在一团难解的意象与行话的迷雾中，用于表达不可言喻的直觉印象。然而，假如我们用类似的"直觉"来理解这些意象与行话，而不拘泥于其字面意义的话，那么这段文字的意思理解起来并没有那么困难。正如周济所见的，北宋词中的"景"本身就构成了词，而若有诗意的"情"，便会从这些坚实可感的抒情载体中自然地生发出来。因此，它相当美好而自足。"景"因其自身的价值而存在。如果有人想要从它们身上找出某种寓意，它总在那里，灵活随机，任人予取予求，如歌词载体可以容许的那么多样。此种作品从不刻意传达"意义"，因为它从不需要。与之相比，南宋词总是承担着某种使命，需要"即事"。这种对"情事"的执着所导致的后果是"景"失去了天真。它们被有意设计的道德或寓意改变了。它们的存在理由只能是符合有意设计的含义。正因为如此，北宋词中那种与生俱来的自然而有机的"深"意，到了南宋的稼轩、白石手中却一变而为"浅"——它突出于景之上，诱人诠释。其表达不再是委婉"曲"折的，而必然是直截了当的。

任何旨在概括特定历史时期风格特征的总体和一般性批评，不论看起来多么精巧，也常常难以避免过于简单化的危险。周济的概括也没有避开这个危险。比如，用它来批评南宋词人姜夔便不太公平。然而，用于评价辛弃疾的词作，倒是不算太过离谱。正如周济的词评总是通过比较来进行，要想真正理解为何辛弃疾是词体发展趋势这一转变的先驱人物，也应当把他的作品与北宋时期的某些代表作进行比较对照。《六丑·蔷薇谢后作》便是可以用来与辛词比较的一首词，由公认的北宋词风集大成者周邦彦（1056—1121）创作：

> 正单衣试酒，
> 恨客里光阴虚掷。
> 愿春暂留，
> 春归如过翼，
> 一去无迹。
> 为问花何在，
> 夜来风雨，
> 葬楚宫倾国。
> 钗钿堕处遗香泽。
> 乱点桃蹊，
> 轻翻柳陌。
> 多情为谁追惜。
> 但蜂媒蝶使，

时叩窗隔。

东园岑寂,
渐蒙笼暗碧。
静绕珍丛底、
成叹息。
长条故惹行客。
似牵衣待话,
别情无极。
残英小、
强簪巾帻。
终不似一朵,
钗头颤袅,
向人敧侧。
漂流处、
莫趁潮汐。
恐断红、
尚有相思字,
何由见得㊱。

选择这首词来做比较是因为该词的情绪与主题元素都与辛弃疾的《摸鱼儿》相似。它也有清晰的故事线索。故事中的那个声音或许不是女性的,但同样阴柔与敏感。辛弃疾词中的那位淑女不忍见到暮春的"落红无数",而周邦彦的"残英"与"断红"也正是抒情主人公所哀叹的对象。

春天离去了,并且"一去无迹"(第五行)。词人无法接受这一点。他深情地在"落红"与"残英"上追寻着流逝季节的踪迹。经由一番人与花的精彩交流,词人对被虚掷的美的怜爱之情得到了充分的表达。其同情如此细致悲悯而个人化,以至于批评家认为不得不对它做出隐喻的解读。清代学者黄苏的下列评论颇具权威性。他将该词当作词人对自身可怜境况的哀叹(他年事渐长,而仕途却仍然不如意)。他说:

自叹年老远宦,意境落漠,借花起兴。以下是花是自己,比兴无端。指与物化,奇情四溢,不可方物。人巧极而天工生矣。结处意致尤缠绵无已,耐人寻绎。㊲

看来人们只能同意黄苏的看法。读周邦彦该词,一定会认为存在某些与他自己的故事相关的东西,尽管这些东西几乎不可确指。但你就是说不出在哪里故事结束,在哪里寓言开始。其"意义"并非某种额外附加的价值,而是如盐在水,它已将自己溶解在故事情节里。或许你会认为词人对花的怜爱,其实是自怜的反映。但词中找不到这种情感的明确表达,甚至连暗示都没有,因为"暗示"一词听上去太过刻意。实际上,它的自我揭示,是通过词人移情于蜂蝶对花的一往情深的怜悯(第十三至十四行),还通过他静静地徘徊于花丛之中(第十七行),最终发出了一声叹息。但更重要的是,词人自怜和自爱的揭示,是通过移情——不只是同情——投射到落红生命的最后展示上(第十至十一行),

投射到青春不再,却还"故惹行客"的长枝上(第十九至二十行);投射到极可爱又可怜的小小残英上(第二十一至二十五行)。由"景"展示出的故事中栩栩如生的细节是自足的,是它们生成了寓意,而不是相反。正因为如此,其寓意不是生硬固化的,而是微妙、灵活且多元的。

周邦彦是此种坚定立足于故事或场景层面本身的大词人,以其不做作、自然、整体自足而著称,周济将这种词的品质概括为"浑厚"("浑"意为整体的、完整的;"厚"意为厚重与深刻)[38]或是"浑化"("浑"的绝妙状态)[39]。作为浑厚风格之经典案例的《六丑》,毫无疑问可以轻易地衬托出辛弃疾作品中自我表达的刻意。其实,即使没有周邦彦的作品作为参照物,辛词中急切的自我表达亦已一目了然。即便与那些不够浑化甚至高度寓意性的作品相比,他作品中抒情自我的咄咄逼人的存在感也非常明显和突出。如果我们将辛弃疾与通常被认为与其属于同一词派的苏轼做一比较,可以发现一些有趣的现象。

苏轼的《水龙吟·次韵章质夫杨花词》,也是一首哀叹落红之词:

> 似花还似非花,
> 也无人惜从教坠。
> 抛家傍路,
> 思量却是,
> 无情有思。
> 萦损柔肠,

困酣娇眼,

欲开还闭。

梦随风万里,

寻郎去处,

又还被、

莺呼起[40]。

不恨此花飞尽,

恨西园、

落红难缀。

晓来雨过,

遗踪何在,

一池萍碎。

春色三分,

二分尘土,

一分流水。

细看来,

不是杨花,

点点是、

离人泪[41]。

词人对落红的怜悯之情,通过女性角色的感人故事获得极佳的呈现。"似花还似非花",首句流露出强烈的沉思意绪。但更重要的是,角色的沉思语气透露了她的特性。这是个极其敏感的抒情主体,她对客体的感知随着微妙的心理情感的脉搏而起伏波动。如果继续往下读,你会发现首句其实是一个"它是,而不是……;它不是,而是……"的话语模式的开始,该模式赋予了角色的情绪有形可感的物质形式,包括由细致观察触发的怜悯、困惑以及忧虑。落红对她貌似"无情",然而细想之下实则"有思"(第四至五行),思念远方爱人的"困酣娇眼"——花的化身——好像"欲开",其实"还闭"(第七至八行)。她的感伤不在"此花飞尽",而是在"落红难缀"(第十三至十五行)。在词的结尾,悲伤情绪汹涌而来,她几乎辨不出是花,还是非花:"不是杨花",而"点点是、离人泪"。

孙康宜在分析该词时,留意到苏轼系统地使用这种她称为"不是 A 而是 B"的模式,并认为"词人似乎想运用这种设置达到特定的矛盾效果"[②]。其"特定效果",在笔者看来是两个声音或是两种立场的嵌合。通过惜花的女性抒情主人公的故事,词人营造了感同身受的移情(上文讨论周邦彦《六丑》时用过的,与"同情"相对的)效果,即抒情主体与客体的融合。这是生理情感的自然融合,且似乎是无意识的。与此同时,一个来自词人全知全能的角度有意识地表示同情(与"移情"相对)的声音也让读者听到了,暗示着词人对故事层面所发生的事情富有感情而又不失理性的回应。两个声音混合的效果,可见于词中多处"肯定—否定"矛盾结构所造成的意涵丰富的朦胧,包括上阕和下阕的第一个乐段及结束乐段等处。在这几处,很难说是一个女性角色还是词人自己在说话。无论如何,一个寓意层次的含义就这样不动声色地建立起来了。清代评论家刘熙载对该词首句的评论

"不离不即"[43]，用来评论整首词，或许也很合适。

通过对比看到的结果是显而易见的。周邦彦的《六丑》全是故事，让潜在的寓言从中自然地生发。在苏轼的《水龙吟》中，寓言侵入了虚构现实的故事层面。辛弃疾的《摸鱼儿》也运用了打算作为寓意工具的故事层面。但正如前面所见的，它与《六丑》和《水龙吟》的不同之处在于，故事与寓言之间的平衡被词人极其明显存在的主体性打破了。

读辛弃疾的感伤词，笔者常常有一个感觉，他的确懂得把意象高明地运用为表达情感的有力方式。但是他如此倾心于在前景中张扬地呈现自我，以至于他发现自己不可能袖手旁观地任由意象以其自身方式去展示。例如，他是公认的所有词人中最擅长用典的大师。对古文献不可思议的稔熟，使得其作品中的过往人事丰富得令人难以置信。倘若他让自己与这些经典的珍宝保持某种微妙的距离，它们自身所潜在的各种隐喻的五光十色完全会自然闪耀。然而，辛弃疾就是不甘心放弃主观的控制。他忍不住要把它们操纵于自己手中，并向人们展示它们究竟是什么，常常到了直陈的程度，直到它们丰富的暗示性光泽几乎丧失殆尽，变得平平无奇。这一特点可从其著名的离别词《贺新郎》清晰见出。为了突出其书写中的个人特点，我们在这儿把辛弃疾的《贺新郎》与姜夔的一首词来做比较，二词在许多方面具有相似性。

辛弃疾的《贺新郎·别茂嘉十二弟》是一首哀伤的离别词，作于词人与族弟分别之时：

绿树听鹈鸠。

更那堪、

鹧鸪声住,

杜鹃声切。

啼到春归无寻处,

苦恨芳菲都歇。

算未抵、

人间离别。

马上琵琶关塞黑㊹,

更长门、

翠辇辞金阙㊺。

看燕燕,

送归妾㊻。

将军百战身名裂。

向河梁、

回头万里,

故人长绝㊼。

易水萧萧西风冷,

满座衣冠似雪。

正壮士、

悲歌未彻㊽。

啼鸟还知如许恨,

料不啼、

清泪长啼血。

谁共我,

醉明月[49]?

词中的鸟啼扮演了重要的角色。与此不同,姜夔的《齐天乐》,根据其序,全词皆关乎蟋蟀的鸣声:

> 丙辰岁,与张功父会饮张达可之堂,闻屋壁间蟋蟀有声,功父约予同赋,以授歌者。功父先成,辞甚美。予裴回茉莉花间,仰见秋月,顿起幽思,寻亦得此。蟋蟀,中都呼为促织,善斗,好事者或以二三十万钱致一枚,镂象齿为楼观以贮之。

庾郎先自吟愁赋[50],

凄凄更闻私语。

露湿铜铺,

苔侵石井,

都是曾听伊处。

哀音似诉,

正思妇无眠,

起寻机杼。

曲曲屏山,

夜凉独自甚情绪。

> 西窗又吹暗雨,
> 为谁频断续,
> 相和砧杵?
> 候馆迎秋,
> 离宫吊月,
> 别有伤心无数。
> 豳诗漫与,
> 笑篱落呼灯,
> 世间儿女。
> 写入琴丝,
> 一声声更苦[51]!

以上两首词都有一个突出的特征,由一系列的小故事构成,或者用到历史文献中的典故,或者富含让人联想到文学传统中某些"类型"的意象,尤其是在姜夔词中,尽管这些意象没有明确的出处。这种抒情结构本身具有很强的隐喻性。词人故意把这些微型故事堆在一起,假如不是为了利用它们隐含的意义来表达什么,又会是为什么呢?

现代学者吴世昌曾批评道,如果辛弃疾《贺新郎》词的主题是别离,词中的这些用典在服务该主题方面是很糟糕的。例如,吴世昌说,将词人与族弟的分别,同汉将李陵与老友苏武的诀别,以及著名的刺客荆轲在启程刺杀秦始皇之前与友人作别相比,是很不恰当的。原因何在?李陵是投敌的叛将,而荆轲虽然英勇,但他的努力失败了。谁会把自己和亲人与这些人比较呢[52]?

然而，吴世昌的批评或许对这两方面有所忽视：一方面，辛弃疾只是用告别的场景作为表达其痛苦的切入点，其中离别的悲伤仅是众多痛苦情感之一；另一方面，对词人而言，真正具有意义的，既非故事中角色的品德，也非这些角色的命运，而是他们情感的异常"强烈度"。所以，不仅是下阕所述的李陵、苏武和荆轲的故事，还有上阕提到的不幸宫女、失宠后妃的悲伤故事，都有助于词人表达因人生的各种不幸而触发的自己内心的痛苦悲伤之情。

同样，姜夔作品安排的主题也是悲伤。或许蟋蟀的叫声在不同耳朵听来不尽相同，但它唤起的情绪却带着一个共同的音符——悲伤。不同年龄的不同个体，各自有着不同的乐谱，却在一根看不见的指挥棒——词人的心绪——的指挥之下，加入了悲伤的合唱。这突然又令我们认识到周济在其词评中表现出来的洞察力，如上文已引的，他说从辛弃疾与姜夔开始，写词成了"即事叙景"的营生，词中之"事"盖过了"景"。

然而，二词所期待的抒情效果是不同的。正如林顺夫通过比较两位词人之后所做出的令人信服的揭示，姜夔在《齐天乐》中尽可能不让自己的个人经验渗透到词中之景，尽管他完全可以这样做。该词的词序告诉我们，正是词人生活中真实的蟋蟀触发了他的抒情灵感。但词人不允许"他的主观感受干扰隐喻关系的层面"[53]。通过这种方式，这些隐喻关系，此处具体为昆虫的鸣叫声与听众的情感回应，不再支离破碎；相反，它们承担着普泛意义，普泛通常并非指它们是无形且无所不适用的，而是指它们超越了词人自身相对狭隘的视野，并且被赋予以多种方式渗透到人类意识中的能力。用林顺夫的话来说，它们被"赋予了所有的情感具体性、多义性、深度以及维度"[54]。

相比之下，辛弃疾处理其诗意之景的路径几乎恰恰相反。对比其词与姜夔之《齐天乐》，我们固然可以在那些细微词景的序列上发现惊人的相似之处。然而，姜夔把自己从景中抽离出来，辛弃疾却竭力把整个自我投入到景中去，甚至可以说，他是把景放在主观的框架之中。在《贺新郎》的开始部分（第一至五行），他便毫不含糊地告诉我们，正是他——词人——被鸟的哀啼感动，从而引发了一系列与其心态相类似的故事。他在讲完故事之后，又将观众带回当下，回到其关于鸟的啼鸣特质的评论，并感叹其现状的痛苦（第二十二至二十六行）。他这样做实际上杜绝了那些从词中之景引出普泛意义——与个人化相对立的任何企图。那些典故的珍宝也被剥夺了成为富有启发性的抒情符号的权利。借用林顺夫的话，这些典故是"作为当下自我内在状态的组成部分而存在"[55]，或者也可以说，作为说明其感受的实例。

辛弃疾与姜夔两位词人，都是周济认为的词体发展转折点上的最具影响力的人物，但二者的不同之处并非微不足道。他们对词中之景的态度，实际上反映出两种不同的审美理想，即律诗美典与词体美典。

在一篇讨论词的体裁在中国古典诗歌形式发展演进中的地位的文章中，高友工强调了律诗与词之文体形式特征的基本不同之处。在他看来，律诗中的"一个抒情的自我既是整个（抒情）活动的发源，又是这个活动的内容"[56]。一首律诗所有的元素都融入了抒情自我在此时此地这一抒情瞬间的独特内心经验[57]。高友工的观察是他多年来在艺术形式与艺术效果之关系方面开展研究的成果。其 1986 年的《律诗的美学》一文，详细讨论了单一视角的"抒情自我"和单一维度的"抒情时刻"如何塑造着律诗的抒情行为。高友工之理论的活力便展现在关于律诗形式特征与诗意表达之间积极互动的研究中。

正如他指出的，律诗的四联可分为两类：中间两联是平行对立（所谓"对仗"）的，而首尾两联通常是直行延续（所谓"流水"）的。因为对仗联偏好感性、具体意象之对比并置，而流水联中的两句则明显具有线性与因果关系，前者基本上是描写性的，而后者可以非常有表达性[58]。诗人常常在律诗的开篇用一个流水联来介绍诗的背景或宣示主题。接下来，他可能用两个对仗联夹在诗的中间，呈现其观察事物获得的直接、即时的印象。最后，他用另一个流水联结尾，揭示其内心状态。这个延续性联句的内容，可以是对中间两联所呈现内容的反思，也可以是从中获得的顿悟，抑或甚至是产生的质疑。

高友工注意到，这一抒情行为的过程中存在两个"心理阶段"的分界，即"外向性"与"内向性"。在诗歌的描写性部分，诗人的心态是外向的，而在表现性部分，诗人的心态却转为内向[59]。统一这两种心理状态的是立足于当下的抒情自我的单一专注视角。

而词却是另一种情况。词的基本结构单位，尤其是在那些更复杂的长调中，不再是联了。一首词由数个乐段组成，其功用类似于律诗中的联。每个乐段可能包括一个到数量不定的几个词句

（尽管在小令体式中，通常一个乐段中仅有两个词句）。高友工发现，不像律诗中一个联里头的两句之间的关系，要么是并列、对仗的，要么是延续、"流水"的，词的乐段中的词句之间的关系是一种同心聚焦关系[60]。正是由于这一原因，高友工称词之乐段的构造为"同心结构"。[61]"同心结构"中的每一个词句都围绕中心写物或者叙事，"可以有不同的角度、观点、时间，又可以包括感觉以外的各种心理活动，因此也可以视为层次结构"[62]。同心结构或是层次结构在不止一个层次上发挥作用。不仅每个乐段都有自己的中心，一首词的所有乐段也在更高的层次上拥有一个共同的中心。通过此方式，整首词维系于一种"层进结构"[63]。

这样一种复杂的结构也使得词的创作活动极度复杂化。不像高度模式化的律诗形式[64]那样聚焦于独特抒情瞬间的单一视角，包孕且中和了词人对时空以及事物各种立面的细致微妙的感知，而现在，词却允许，或者说要求词人将这种感知具体化或物化。在一个高度复杂的抒情结构之中，词人可以逐步地展开主题，其抒情行为的发展过程极尽幽微婉曲与转折之能事，也可以从不同角度解剖其对外部世界的情感回应，享受着审美探索带来的愉悦或痛苦。这种新的形式结构造成的效果是，真实的情感可以物化为事物的具体细节，而不是像律诗的常见情形那样，由抒情主体来作"直抒胸臆"的表达。也就是说，"真正的'情'只能由具体的'事'折射出来"。[65]词的这种新美典之优点被高友工概括为："长调在它最完美的体现时，是以象征性的语言来表现一个复杂迂回的内在心理状态的。"[66]

在高人的手中，词体的形式特征所具有的潜能被发挥到极致，姜夔的《齐天乐》便是一个极佳的例子。通过利用同心结构或层次结构，姜夔让一系列故事——每个故事各代表悲伤之情的一个方面——自己生成关于人类体验的意义。在这首词中我们看不见抒情自我的存在，作者的意图是通过"象征性的语言"来实现的。

相比之下，辛弃疾的《贺新郎》所体现的却非常近似律诗的理想美典。就像通常的律诗那样，《贺新郎》以作者关于诗歌背景的介绍开篇，而以作者的评论结尾。这种抒情自我的鲜明展示就确定了该词中间部分的历史典故是作为抒情主人公心理状态的标志性符号而出现的。换言之，这些典故属于并且服务于此时此地的特定抒情时刻，它们不被允许拥有自己的生命。

然而，最有趣的是，辛弃疾既知道怎样利用词体的文体特征，同时又竭尽全力地使其词符合律诗的表达模式。如前文指出的，辛弃疾《贺新郎》中历史典故所包含的一系列小故事的安排，与姜夔《齐天乐》中小故事的总体布局是非常相似的。你甚至还可以说，从这些微型故事的选择和排列方式来看，辛弃疾比姜夔更胜一筹。在辛弃疾的《贺新郎》中，从词人对故事的编排可清晰见出渐进的方式。上阕的三个故事（第九至十三行）均是关于女性人物，而下阕三个故事（第十四至十九行）则都是关于悲惨的男性角色。所有故事都根据其情感烈度等级进行了仔细地编排。[67]

同心或层次结构令辛弃疾可以勾勒那些历史人物的情绪感受，并且通过他们，以及借助着高友工所说的总体"层进结构"，他直观地发现了一切人类痛苦的象征性模式——无尽渐进的痛苦模式。的确，假如他选择允许那些小故事自己透露其隐藏的含义，从而剖析其中最强烈的人类情感体验的不同方面，他将比姜夔更有优势。但辛弃疾就是无法抑制自我表达的冲动，他选择用主观的声音与极度个人化的语气，亲口告诉我们这些小故事所暗示的意义。作为自我中心的抒情主人公，他是一以贯之的。无论其人生是起还是伏，他总是想要整个世界都敬仰他，聆听他，并且理解他。

为了总结本章，此处或许应简要考察一首能证明前文观点的词作，一篇充满了强烈怨恨之情的奇特文字：

兰陵王

己未八月二十日夜，梦有人以石研屏见饷者，其色如玉，光润可爱。中有一牛，磨角作斗状。云："湘潭里中有张其姓者，多力善斗，号张难敌。一日，与人搏，偶败，忿赴河而死。居三日，其家人来视之，浮水上，则牛耳。自后并水之山往往有此石，或得之，里中辄不利。"梦中异之，为作诗数百言，大抵皆取古之怨愤变化异物等事，觉而忘其言。后三日，赋词以识其异。

　　恨之极，
　　恨极销磨不得。
　　苌弘事，
　　人道后来，

其血三年化为碧⑱。
郑人缓也泣:
吾父攻儒助墨。
十年梦,
沉痛化余,
秋柏之间既为实⑲。

相思重相忆。
被怨结中肠,
潜动精魄,
望夫江上岩岩立⑳。
嗟一念中变,
后期长绝。
君看启母愤所激,
又俄顷为石㉑。

难敌。
最多力。
甚一念沉渊,
精气为物,
依然困斗牛磨角。
便影入山骨,
至今雕琢。
寻思人世,

只合化，

梦中蝶[72]。

该词的长序读来很像志怪小说。词人梦中的故事主角——张难敌乃怨愤的化身，他化成夹在琥珀般石头中的斗牛。尽管辛弃疾努力保持冷静，客观地记录一个梦，他对这个悲剧英雄的同情却太过强烈，以至于无法掩饰。他仰慕，甚或爱抚着那块神奇的石头，好像它是一件珍贵的艺术品，"光润可爱"。

该词由一首数百句的长诗浓缩而成（假设确如词人在序言中的介绍），它本身便是那块以诗歌形式重铸的"光润可爱"的石头。为更有力地呈现斗牛意象（张难敌的化身），辛弃疾用了一个意象群来支撑它，该意象群包含的四个意象全都脱胎于古往人物的悲情故事。而《兰陵王》词调多面、立体的乐段结构有助于辛弃疾把五个怨愤男女的故事编织成一体，他们不让刻骨铭心的痛苦轻易地"销磨"，以玉石、柏树果实或是石头的形式将这种强烈的情感结晶凝固。如此看来，该词不啻是唱给无法调和的愤懑之怨毒的一首赞歌。

临近词的结尾，原本一直痴迷于张难敌毫不妥协的战斗精神的词人，似乎出人意料地妥协了。他暗用庄子的典故说，在这世间，人唯一应当做的是化成无忧无虑的蝴蝶。根据道家思想家庄子的说法，是他梦见了蝴蝶，还是蝴蝶梦见了他，根本无法分辨。以这种眼光来解读该词，结束句似乎是对前文所说的反转：怨愤和仇恨毫无意义，因为它们不会真正对"现实"产生影响。辛弃疾是真的想表达此意吗？在充分地发泄了如此多的怨恨之后，主题修改似乎来得太晚了点，而且过于单薄。由于整首词都设定在梦中（正如词人在序言中告诉我们的，该词是其奇异梦境的产物），那么在哪个梦中，人会变成蝴蝶呢？

有没有可能是诗人试图用迂回的方式来表达他的痛苦？有没有可能又是"欲说还休"的狡猾手法？有了分歧的收尾，整首词突然打上了强烈的个人印记。变得豁然开朗的是，词中所列的那些痛苦的故事全都只是词人内心状态的隐喻。词人正在进行一场痛苦的内心斗争，他努力过，但发现不可能与理智妥协。我们突然再次意识到开始的乐句——"恨之极，恨极销磨不得"——只不过是词人的内心独白。因此，一个非常主观的表达架构出现了，该架构的特别之处在于，它原本是可以避免暴露的，但正是以自我为中心的词人习惯性自我表达的痼疾，诱使他将一个明显的主观表达架构强加于本可以是自然的诗意呈现过程。

从某种意义上说，笔者于上文考察的失意英雄意象属于"贤人失志"或"壮志未酬"的古老传统。但是不像辛弃疾之前的那些诗人，如在自然中寻到慰藉的陶渊明，或是在想象的世界获得自由的李白，或是通过在其所处时代的集体良知中过着有道德的生活来实现自我的杜甫，或是以轻松的心态面对自己仕途起伏的苏轼，辛弃疾的抒情主人公拒绝为自己创造这种和谐。对传统意义上的失意贤人，需要理解一个悖论，即困境对于展现内在美德是必要的条件，这种理解是减轻痛苦的一个重要方法。他可能会抱怨，可能会抗争，但与此同时他必须让自己保持情感的平衡。能做到这一点本身便是美德。辛弃疾作品中的主人公却截然不同。他听从自己的性情，而非受儒家传统支配的温柔敦厚诗教。

从而，他在积怨与痛恨的发泄中获得了报复性的快感。

注　释

① 辛弃疾《江神子·和人韵》，《稼轩词编年笺注》，第184页。"魄磊"典出《世说新语》之《任诞》章第五十一则，王忱说阮籍胸中有"垒块"，需要用酒抚平。
② 参见《史记·李将军列传》所记故事。李广曾在对匈奴的大战中受了重伤并且被俘虏，匈奴士兵把他吊在两匹马之间的网兜里带走，而他用装死的办法，瞅准机会跳上旁边胡人的高头大马，把胡人推下去，自己策马逃走了。
③《稼轩词编年笺注》，第400页。李蔡是李广的从兄，才能平庸而被授爵，李广却从未被封侯。详参《史记·李将军列传》。
④ 参见《史记·李将军列传》。
⑤《稼轩词编年笺注》，第263页。
⑥ 辛弃疾所说的"记得"，指的是那个灞陵守尉的悲惨结局。遭遇夜呵之后不久，李广就被皇帝召回任右北平太守，他要求将灞陵尉交由他发落，最终处决了他。
⑦ 郑骞认为所引词句暗指词人自己的经历，详参郑骞《漫谈苏辛异同》，《景午丛编》，第270—271页。
⑧《稼轩词编年笺注》，第137页。
⑨ 参见Stephen Owen, "Meaning the Words: The Genuine as a Value in the Tradition of the Song Lyric," in Pauline Yu（余宝琳）, ed., *Voices of the Song Lyric in China*, Berkeley: University of California Press, 1994. p.48, n.25.
⑩ Zhang Longxi（张隆溪）, *The Tao and the Logos: Literary Hermeneutics, East and West*, Durham: Duke University Press,1992, p.166.
⑪ 同上。
⑫《全宋词》，第4册，第2939页。
⑬《稼轩词编年笺注》，第502页。

⑭《孟子》卷十三,第二十五篇。
⑮《稼轩词编年笺注》,第500—501页。
⑯ 这是对张继(？—779?)著名绝句《枫桥夜泊》后半部分的玩笑式机智借用。参见《唐诗三百首新注》,第335页。
⑰ "八百里"原指西晋王恺的品种优良的牛,出自《世说新语》之《汰侈》章,第六则。
⑱ "五十弦"原出李商隐(813—858)著名诗歌《锦瑟》第一句。参见《唐诗三百首新注》,第279页。
⑲ 的卢原指三国时期蜀国建立者刘备的传奇性坐骑,详参邓广铭对该句的注释,《稼轩词编年笺注》,第205页。
⑳《稼轩词编年笺注》,第204页。
㉑ 例如,罗郁正对第二句的翻译如下:"在梦中,我回到了吹角连营。"参见 Lo, *Hsin Ch'i-chi*, p. 62.
㉒ 王翰《凉州词》,《全唐诗》,第5册,第1605页。
㉓ 卢纶《和张仆射塞下曲》其二,《全唐诗》,第9册,第3153页。
㉔ 同上。
㉕ 宇文所安认为这是唐代边塞诗两个最重要的特质。参见 Stephen Owen, *The Poetry of the Early T'ang*, p. 419.
㉖ 参见夏承焘《唐宋词欣赏》,天津:百花文艺出版社1980年版,第105页。也可参见施议对关于夏承焘论辛弃疾的回忆,见施议对《论稼轩体》,《中国社会科学》1987年第5期,第160页。
㉗ 参见夏承焘《唐宋词欣赏》,第105页。
㉘ 卢照邻《结客少年场行》,《全唐诗》第2册,第513页。
㉙ Shuen-fu Lin, *The Transformation of the Chinese Lyrical Tradition*, p.115.
㉚ 参见祖保泉《二十四诗品注释及译文》,香港:商务印书馆1966年版,第42页。
㉛ 周济《宋四家词选目录序论》,《词话丛编》,第5册,第1628页。
㉜ 此处用的是汉武帝朝陈皇后的典故,她请当时著名的文学家司马相如代写一篇感人肺腑的赋上呈武帝,帮她重新获得武帝的宠爱。相关故事

记录在司马相如的《长门赋》的序言中。
㉝《稼轩词编年笺注》,第 55 页。
㉞《离骚》第八十九句:"众女嫉余之蛾眉兮。"
㉟周济《介存斋论词杂著》,《词话丛编》,第 5 册,第 1627 页。
㊱《全宋词》,第 2 册,第 610 页。某些评论者认为该词最后五行引自范摅《云溪友议》中的爱情故事。详参袁行霈的分析,见唐圭璋编《唐宋词鉴赏辞典》,南京:江苏古籍出版社 1986 年版,第 556 页。
㊲黄苏《蓼园词评》,转引自袁行霈对该词的分析,参见唐圭璋编《唐宋词鉴赏辞典》,第 556 页。
㊳周济《介存斋论词杂著》,《词话丛编》,第 5 册,第 1631 页。
㊴周济在对比评价宋代四位代表词人的时候,用该术语描述周邦彦的风格。这四位词人是周邦彦、辛弃疾、王沂孙和吴文英。参见周济《宋四家词选目录序论》,《词话丛编》,第 5 册,第 1630 页。亦参见本书第一章关于该研究的注释。
㊵该阕后半部分出自唐代诗人金昌绪的《春怨》诗。参见《唐诗三百首新注》,第 319 页。
㊶《全宋词》第 1 册,第 277 页。
㊷Kang-i Sun Chang, *The Evolution of Chinese Tz'u Poetry: From Late T'ang to Northern Sung*, p.191.
㊸刘熙载《词概》,《词话丛编》,第 11 册,第 3784 页。
㊹该句引用了王昭君的故事,她本为汉元帝的宫女,不幸被选中和亲,远嫁匈奴的可汗。详参石崇《王明君辞序》,转引自邓广铭《稼轩词编年笺注》,第 430 页。
㊺汉武帝的皇后陈阿娇在失去武帝宠信之后,被送往长门宫。
㊻这两句引自《诗经》的《燕燕》,该诗通常被解释为关于卫庄公的妾在庄公去世后被送回家的事。参见邓广铭所引《诗经》之《毛传》,《稼轩词编年笺注》,第 430 页。
㊼此处化用了两句诗:"携手上河梁,游子暮何之。"汉代大将军李陵曾被匈奴军队俘虏,感到无力反抗,遂投敌。该诗一直被视为李陵所作告别

朋友苏武的《与苏武》三首之一，参见余冠英《汉魏六朝诗选》，北京：人民文学出版社 1958 年版，第 87 页。

㊽ 用的是中国历史上最著名的刺客荆轲的典故，他的传记被载于《史记·刺客列传》。

㊾《稼轩词编年笺注》，第 429 页。

㊿ 一般认为庾信（513—581）的《愁赋》在姜夔写作该词的时候已经散佚。

(51)《全宋词》，第 3 册，第 2176 页。

(52) 吴世昌《词林新话》，北京：北京出版社 1991 年版，第 230 页。

(53) Shuen-fu Lin, *The Transformation of the Chinese Lyrical Tradition*, p.179.

(54) 同上，第 181 页。

(55) 同上，第 168 页。

(56) 高友工《小令在诗传统中的地位》,《词学》第 9 辑，1992 年 7 月，第 17 页。

(57) 同上，第 10 页。

(58) Yu-kung Kao, "The Aesthetics of Regulated Verse," in *The Vitality of the Lyric Voice: Shih Poetry from the Late Han to the T'ang*, edited by Shuen-fu Lin and Stephen Owen, Princeton: Princeton University Press, 1986. pp.356—361.

(59) 同上，第 365 页。

(60) 高友工《小令在诗传统中的地位》,《词学》第 9 辑，1992 年 7 月，第 16 页。

(61) 同上。

(62) 同上。

(63) 同上，第 18—19 页。

(64) 如白润德(Daniel Bryant)所指出的，与柔韧的词相比，诗"更加模式化，有时几乎是马赛克状的。"参见Bryant, *Lyric Poets of the Southern T'ang: Feng Yen-sstt*, 903—960, *and Li Yu*, 937—978. Vancouver and London: University of British Columbia Press, 1982. p.xxxi.

(65) 高友工《小令在诗传统中的地位》,《词学》第 9 辑，1992 年 7 月，第 18 页。

(66) 同上，第 20 页。

(67) 可能有人会争辩说，因和亲远嫁的宫女（参见第九行）的悲伤并不会轻于失宠皇后（参见第十至十一行）的悲痛，或因君主去世而被迫离开的妾（参见第十二至十三行）的悲痛，但笔者认为，如此说应当没有疑义：荆轲明知一去不返而毅然英勇赴死（参见第十八至十九行），他的悲伤比李陵或苏武（参见第十四至十七行），或是上阕提到的三位女子的悲伤，都更令人悲痛。

⑱ 苌弘故事的一个版本见于《庄子》之《外物》章。苌弘是周朝的一位正直的大臣，后来在流亡蜀地期间去世。当地人出于对苌弘的怜惜，保存了他的血。三年之后，他的血化成了碧玉。参见王叔岷《庄子校诠》，第3册，第1043页。

⑲ 典出《庄子·列御寇》。缓是虔诚的儒家学者，他因为无法忍受父亲在他与属墨家的弟弟的哲学辩论中偏袒弟弟而自尽。后来，他的鬼魂托梦给父亲，要父亲去看看他的坟墓，在那里他的身体已经化作秋柏的果实。参见王叔岷《庄子校诠》，第3册，第1259页。

⑳ 关于望夫岩的故事，参见刘义庆《幽明录》，北京：文化艺术出版社1988年版，第183页。

㉑ 关于启（传奇古代圣王大禹之子）的母亲如何在激愤之下化作石头的故事，最详细的记载见于应劭（汉灵帝的臣子）《汉书·武帝纪》。参见班固《汉书》，北京：中华书局1962年版，第1册，第190页。

㉒ 《稼轩词编年笺注》，第346页。最后一句引自《庄子·齐物论》中的著名的庄周梦蝶的故事。参见王叔岷《庄子校诠》，第1册，第95页。

第四章　温柔敦厚诗教传统下的桀骜不驯

> 后之览者，
> 又将有感斯文。
> ——《新荷叶》

> 千载后，
> 百篇存，
> 更无一字不清真。
> ——《鹧鸪天》

在本书的第一章，笔者试图证明，辛词研究的真正问题是元气满满的生命力和奇特个性的粗犷之美——这是辛弃疾词作最突出的特征，让他的仰慕者和诋毁者都惊叹不已。而本书第二章和第三章所展示的，是如何从辛词抒情主人公的狂傲自我形象和个人情感冲动的毫不掩饰的表达中，看出这些独有的特征。现在，为了进一步准确地认识这些与众不同的特征之独有性，我们需要简要地考察，辛弃疾作为词人个体与中国诗歌传统总体之间的互动,或者说摩擦。

中国诗歌传统关注的核心是诗歌在社会政治生活中发挥的重要作用。这一点可用历史悠久的格言"诗言志"来概括。尽管"诗言志"的最早版本可以追溯到《尚书·尧典》,其基本含义的最佳阐述却见于《诗大序》:

> 诗者,志之所之也,在心为志,发言为诗。情动于中而形于言。言之不足,故嗟叹之。嗟叹之不足,故永歌之。永歌之不足,不知手之舞之,足之蹈之也。
>
> 情发于声,声成文谓之音。治世之音安以乐,其政和;乱世之音怨以怒,其政乖;亡国之音哀以思,其民困。故正得失,动天地,感鬼神,莫近于诗。先王以是经夫妇,成孝敬,厚人伦,美教化,移风俗。[①]

应当指出,引文中的"诗"特指最早的中国诗歌总集《诗经》所收诗作。但对《诗大序》的作者而言[②],这些诗作不只是卓越的诗篇,也是所有本质上可称为"诗歌"的基本范例。因此,这段文字的确是关于诗歌总体上的基本原则的。

这段文字总体的意思是清晰的,但奇怪的是,它的一些细节,特别是某些关键术语的内涵和它提出的一些论点之间的逻辑,却并不是那么清楚。例如,至关重要的"志",其意义是什么?还有,它与"情"是何关系?

根据《诗大序》,涌动于心的东西即称为"志",当"志"用语言表达出来,便是所说的"诗"。用宇文所安的话来说,这是一种"符合完全确立的'内'与'外'范式的抒情过程的空间化"③。换言之，诗歌只不过是人内心之"志"的向外表达。然而，志不可能按照我们今天所知道的该词的意义来理解。当志从内心强烈地涌出并采取诗的形式时，它是一种能够调节人世与宇宙秩序的东西，因此也被证明了是一种成功地襄助古代先贤实施政教的卓有成效的武器。所以，尽管我们可能会说"志"是个"语义多变的术语"④，并且很遗憾，即使勉强翻译为"intent（意图）"还是不能完全达意，不能满足我们找到英语对应术语的迫切需要。那么我们不妨保留该词不译，就满足于对相关语义场的认识："志"是一个有自我意识的有责任心的行为个体的意图或意志，更具体地说，它实际上代表一种自觉的道德与政治目的。又由于"志"应当永远符合社会共同利益，它首先属于公共领域，尽管其载体常常是个人。

那么什么是"情"呢？确实应称赞《诗大序》的作者如此生动地描述了不可形容的情感。"情"发自于人的内心，但不止于内心。它不断朝着自我表达或是尽可能"足"的表达方向行进。当一种表达方式不够充分，它便寻找另一种更"足"的方式，在其力量得以充分且完全释放之前不会停下来。这种对外化的不懈追求是一个持续的渐至高潮的过程。它始于口语，历经嗟叹与歌咏，最后理想地终于舞蹈。

关于该过程，最有趣的是，语言原是帮助人清晰而明智地表达自己的最高效的工具，现在却发现它在表达情感上是最为不足的。相反，欣喜若狂地手舞足蹈——最原始的表达方式，或者也可称作人类动物本性最直观的流露——现在却成了最充分的情感表达，在这中间又经历了嗟叹与歌咏。嗟叹与歌咏是人类以言语进行有意表达的特殊种类，要么通过减少实词的使用，要么诉诸其他媒介，比如自然律动，来达成有意义的表达。

情感显然具有偏离理性与智性而走向直觉的倾向，其典型表达应是相当私密的。由于情感的释放是个体对外部刺激的一种心理和生理反应，每一句话、每一声嗟叹与歌咏、每一个舞动的姿态，都是由特定时刻特定个体内心的特定情感的独一无二的条件决定的，并且反过来必须与该条件相适配。

现在，志与情内涵的不同，以及它们表达方式的不同，应当已经清楚了。根据《诗大序》的说法，志在诗歌中的实现是一种有意识、有目的的行为。在"诗者，志之所之也"的表达中，使命与宗旨感由该句后一个"之"字——暗示方向与意志的强劲矢量——得到了强化。相比之下，如我们已经见到的，倾泻而出的情感则基本上是直觉的过程，它不受思想意识的控制，也因而必然是非功利的，未受到道德考量的影响。因此"志"与"情"在最纯粹最简单的意义上的对立，便是在于有意识与无意识之间、智识与直觉之间、道德与非道德之间，以及上面提到的，公众与私人之间。

事实上，《诗大序》的作者很清楚二者的不同之处。这一点可从该文稍后一段话见出，其中作者讨论了"变风"的特点。变风是一种充满情感的诗歌，形成于"王道衰，礼义废"的时候。正如《诗大序》的作者暗示的，最初的风（尚未"变"之风）是一种圣王理想时代的权威且理想的诗歌。当新的变体之风应运而生时，它们在一定程度上不同于最初的理想的风。然而，据《诗大序》的作者，出于如下的简单原因，这种变风仍可被接受：

> 故变风发乎情，止乎礼义。发乎情，民之性也；止乎礼义，先王之泽也。⑤

一方面，"发乎情"是人无法遏制的本性，这符合作者在前文对情感的阐述；另一方面，"止乎礼义"只能意味着一种出于道德考量的对人性的有意限制。无论是社群还是个人，这种有意识的自我控制显然都与"志"——一种道德意识与责任心的意志有关系。尽管《诗大序》的作者宣称"志"与"情"可以和谐共存，但他也承认，如果追溯它们的根源，二者是非常不同的。⑥

但是，当我们回到之前的引文，重审那个同时讨论志与情的段落，我们想知道为何作者会将二者以这样一种方式并列。答案或许就是如此简单：通过并置两种不同的东西，他试图让人们相信，二者的差异可能没有那么大。

《诗大序》的作者试图通过类比来进行说服。正如"志"之所以称为"志"，是在它存于内心的时候，而当它用文字表达出来的时候，就变成了诗歌；同理，情感之所以称为"情"，是在它活动于内心的时候，但是它会以语言、嗟叹、歌咏或舞蹈的形态，从心中爆发出来。二者都是某种尚未以物质形式表达的心理状态。而正如情感的表达完全是一种自发与自然的过程，志"之（进入）"于诗歌的过程肯定也是如此。突然间，志在诗歌中有意识且带着意志力的实现都显得无意识与毫不费力了：智识变得直觉、人工变得自然、道德追求变得如生理与身体需求一般必要和可取。总而言之，通过用情感的自然趋势来解释"志"的运作的障眼法，《诗大序》的作者企图使人们相信诗歌中的道德与政治之志，并非从外部强加的东西，而是应该，也自然可以是个体的自愿、自发的追求，一种发自内心的主动追求。

有意混淆"志"与"情"的另一个后果是前者凌驾于后者，甚至取代了后者。假如诗歌中的道德意识之"志"的物质化可以像"情"的抒发一样自然与自发，那么几乎就看不到情的存在理由了。因为不管怎样，情感之事已经能以这样一种更令人满意与道德正确的方式让"志"来关照了。如此一来，"志"不仅可以控制"情"，还可以将其引向政治与道德正确的抒发表达渠道，从而取代它。从该角度来看，刘若愚对"诗言志"理论的论断——他认为"诗言志"理论"清楚地强调了'情'之表达的自发性，可视为一个对早期诗歌概念的经典阐释"[7]——需要做一些修正了。毋庸置疑，"诗言志"理论对情之表达的渐进式过程的生动描述是极佳的"对早期诗歌概念的阐释"，但是从其上下文来看，此种阐释丝毫不强调"情"的表达，而是用于证明"志"的合理性，并将"志"对"情"之属性的掠夺与占有合理化。

这种对"情"之属性的占有产生了诗言志传统的一个重要分支，即"温柔敦厚"的原则[8]。当情被淡化，并被小心翼翼地框在礼义的界限之内时，诗歌表达就被认为是温柔的，因此也是合适的："乐而不淫，哀而不伤。"[9]孔子对《诗经》中第一首诗的赞扬可作为该原则的注脚。类似的评论还可见于《管子》的"止怒莫若诗"[10]，与《荀子》的"诗者，中声之所止也"[11]。

作为儒家道德体系的一个重要方面，"诗言志"的诗教理论，加上"温柔敦厚"的口号,共同奠定了此后中国诗歌传统发展的基调。其影响力如此强大,以至于朱自清(1898—1948)会说,每当一种新的"情"的趋势开始萌生,"志"便扩展其外延,以便可以舒服地将其收入彀中并且改造它。在中国诗歌发展史上,一种新的"情"的趋势主动地让自己被"诗言志"主流同化的情况也屡见不鲜。[12]甚至那个出现于魏晋时期,曾对"诗言志"正统构成严重威胁的"诗缘情"诗歌理论[13],最终也是被正统重新定义。

当然,这并不表示,作于现代以前的两千年中的诗歌全都由"志"统辖,并且全都是温柔敦厚之声。为衡量诗言志传统的影响,与其只是计算有多少首诗具有诗言志传统的精神,多少首没有,不如仔细考察其对中国诗人的心灵与思想造成的影响。如前所述,当诗言志信条宣称"志"之道德意识表达是个自然与自发的过程,它实际上就把最初对"志"的规定性要求变成了描述性"真理",并且让一个社会政治理想看起来像是现实。通过这种方式,使诗人相信"止乎礼义"完全是自然的,且是他们唯一会(还不只是"应该")做的事情。他们真诚地相信,即便是最私密的"情",假如有的话,也应当与被社会接受的道德价值保持一致。随着时间的推移,行使自我审查成了他们的一种习惯,或者说第二本性。他们自觉地克制情感,却没有意识到自己正在这样做,因为这已经是"自然而然"的事情。

我们可以理解为何孔子会称赞"诗三百"的"思无邪",并且督促学生学诗[14],因为我们知道他是从有政治思想的道德家的立场去看待事物,将诗歌当作道德修养的教材。但让我们感到困惑的是，一千三百年后，白居易（772—846）居然会无情地谴责晋代以降直至他的时代的诗人偏离了诗言志的传统（甚至"诗圣"杜甫也未能幸免）。白居易甚至哀叹，他的读者偏好的不是他的道德劝诫诗，而是那些或多或少被"情"玷污的、他自己评价也不高的作品（如《长恨歌》）[15]。如此一来，他扮演着奇怪而尴尬的诗人审查员的角色，试图扼杀自己和其他诗人的声音。此种诗人道德意识很难在其他文学传统中找到。

正如白居易自己暗示的，他的诗并非都属于诗言志的类型。的确，应当说，不可能有除了志，其他什么都不写的诗人。其实，宇文所安在诠释《诗大序》时说："纵观中国文学思想史，在诗歌现实与《诗大序》所倡导的价值之间其实一直存在着微妙的争斗。"[16]不过，诗言志原则深深影响了人们对待文学的态度，这才是问题的要害。你实际上是否完全遵从该原则是另一回事，最重要的是绝对服从该原则的承诺。因此，行动上乐而淫、哀而伤，口头上却依然坚称忠于诗言志信条的情况并不罕见。这种言行不一致的现象从另一角度向我们揭示了诗教传统给人们带来了多么大的心理影响。当你在诗歌表达中无法控制你的情感时，你知道这是不对的。要么你偷偷地继续让自己被情感牵着走，与此同时受到自己负罪感的折磨；要么你为自己辩护，努力开脱你的错误行为，为自己正名，因为诗不言志是可耻的。

不用说，诗言志传统也有其积极的一面。它令中国诗人有强烈的使命感，使他们总是保持对道德与社会政治问题的关怀。也令他们至少在笔头，将个体的声音当作公共声音的一部分。再者，它决定性地导致了中国诗歌的清醒，虽然可能是过于清醒了。就在你对这些积极方面进行反思的同时，其消极方面的东西也浮现出来了。要是诗歌被当作政治与伦理的附庸，诗人被要求清醒地算计与思考，发声之前先仔细观察别人的歌唱，那么诗歌也失去了许多魅力与美好。

然而，"情"与道德政治之"志"的先天差异，并不会简单地因为道德家的假装不见便消失。一次又一次，"情"几乎不能自禁，并且试图找到摆脱死板传统的出路。屈原的《离骚》便是进行这种尝试的一个典型案例。其实，屈原的要求非常卑微，他的作品仍然是关乎道德与政治问题的。他仅仅想要令其更个人化，有时感到有必要提高一点他的声音。但这也是不允许的，因为它违背了老传统的法则。汉代的儒家学者班固（32—92）毫不留情地批评屈原说，正是因为屈原"露才扬己"，才招致群小的诽谤。在他看来，屈原过于怨愤，不能容忍他人，且其写作也与经典榜样所确立的价值不相符。由于这些原因，班固不同意刘安（前179—前122）所持的《离骚》堪比《诗经》的看法。[17]

作为屈原的同情者，王逸（89？—158）则难以接受班固的批评。他争辩说，屈原的写作就是基于《诗经》的原则[18]；他甚至宣称："夫《离骚》之文，依托《五经》以立义焉。"[19]

王逸的努力是值得肯定的，但应当指出，在他试图反驳班固时，却不得不求助于班固做出批评所依据的同一原则（此实为显示老传统何其强大的又一证据）。例如，为了证明《离骚》是体现诗言志理想的上佳范例，王逸把它与《诗经》的传统紧紧捆绑在一起，他甚至说《离骚》依托《五经》而立义。如果我们把班固与王逸的结论暂时放到一边，仅从他们表达论争的方式来看，前者肯定是比后者更好的辩手,因为他准确地捕捉到了屈原字里行间的味道。而王逸的论证却没有那么雄辩,他不是捍卫屈原强烈的情感表达的合法性,而是让自己去做一项不可能完成的任务,即证明《离骚》是某种它明明不是的东西。

屈原的《离骚》是中国诗歌发展中的一座里程碑。正如蔡涵墨(Charles Hartman)所指出的,《离骚》"展现了一幅遇到特定困难的特殊个体的生动图景"[20]。尽管它仍然关乎政治,并纠结于道德问题,但是它很有说服力地表现了因政治生涯的痛苦经历而导致的个人的悲伤与忧愁。所以它是"个人的",这是之前的诗歌作品中未曾出现过的品质。[21]

从屈原开始,与政治生涯中的穷通起伏相关的个人情感表达成为中国文人最方便的感情发泄渠道。这个套路如此普及,以至于到了最后,尽管不是那么情愿,诗言志传统还是承认了这种成色不纯的"志"的合法性。但旧传统的原教旨支持者永远不可能原谅屈原。数百年之后,本身也是出色诗人的初唐诗人王勃(650?—676)重提旧事,指责屈原是"浇淫之风"的始作俑者之一,说"屈宋导浇源于前,枚马张淫风于后"[22]。

把屈原同某种"浇淫之风"相联系可能不公平,但王勃确实洞察到个人情感的恣意表达的潜在毁灭性,以及可能给老传统带来的危害。具有讽刺意味的是,在唐代——中国诗歌的黄金时代——居然也有太多像王勃这样的卫道士,不时站出来谴责那些屈服于个人情感、而不能做到恰当地"止乎礼义"的罪行,并且警告诗人与作家,别太放纵个人情感的表达。[23]

屈原之后直到唐末,有大量诗歌书写了关于个人穷通的悲伤与失意,但这些作品总是处于诗言志传统的监督之下。偶尔也有几个另类试图挣脱传统的束缚[24],但总的来说,诗人用受到了限制和约束的声音在创作。如朱自清指出的,"'诗缘情'那新传统虽也在发展,却老只掩在旧传统(指诗言志传统)的影子里,不能山头露面"[25],因为这种新传统的真正"山头露面"要等到晚明,等到"童心"与"真性情"的倡导者,特别是李贽,以及公安派的袁氏兄弟出现,并努力证明真性情本身的存在合理性的那一刻。[26]

但在新的情感趋势真正抬头之前的数百年,隋末到两宋,中国诗坛发生了一件大事:一种新的诗歌体裁——词出现了。

词的字面意思就是歌词,原本是为歌伎在娱乐场合或宴会表演的流行曲调而写的。当文人选择了词这种形式后,通过探索该文体的固有音乐特性,发展其出色的表达潜能,并且将其锻造成一种几乎完全用于表达精致细腻情感——通常是艳情——的高效诗歌载体。北宋之前,词已经发展为一种独立的、具有特殊表现力的抒情文体。当传统诗体继续致力于"言志"时,词被当作一种表达"诗人温柔微妙的情感与意识状态"的有效工具[27]。

这种诗与词的功能分野,是由"志"与"情"之间的先天冲突带来的不可避免的一个结果。[28]但有意思的是,它也反映了文学家对词的矛盾态度。他们欣然接受了富有魅力的词体形式,并将其作为表达被压抑的温柔幽微私密情感的理想诗歌形式,但同时,他们又将词视为一种不可能与表达高尚情感的诗并列的低等抒情体类。[29]以下来自一位文学风气见证者的观察说明了一切:

> 然文章豪放之士，鲜不寄意于此（词）者，随亦自扫其迹，曰谑浪游戏而已。[30]

"谑浪游戏"是他们的借口。遗憾的是，从字面意义来解读此借口的现代学者却不在少数。他们中许多人认为，因为文人词作者只是为娱乐而作，并且常常出以闺音，所以其作品中所表达的情感并非真实。可是，当诗人在诗作中谈论其鸿鹄之志或是节操的时候，人们甚至根本不会想起"可证实性"一词。而当词人用了一个面具来表达他不敢在诗中透露的情感时，人们却是如此坚定地相信其所言确系"谑浪游戏"。假如我们没有被赋予权利，去质疑诗体作品中或是出于对言志传统的忠诚或是迫于传统的压力而表达出来的道德政治之"志"的诚实性，那么，我们似乎也没有理由去否认词人在作品中流露出来的那种按捺不住，非吐露不可之"情"的真实性。通过仔细考察早期文人词中关于相思成疾、伤春悲秋、感叹人生无常等的微妙感觉，我们必须承认，词在情感表达方面达到了前所未有的深度。甚至当我们看那些关于艳情体验的俗词时，难道其情感的强度、情绪的幽微以及其创作行为本身，没有比诗传达给我们更多的关于作者心态的信息？在某种意义上，可以说词的创作现象是一种情感的解放。敏感而私密的个人情绪获得了呈现自己的机会，许多情感表达的技巧也因此得到实验。

从北宋后期开始，一些文人词作者，包括像苏轼这样的大家，发起了后来所谓的"复雅"运动，并最终促使词体向诗体靠拢。但词从未真正变成诗，这不仅是因为词的独特文体特征阻止其变成与自身特性不符的文体,而且还因为属私的情感魔鬼已经被放出来太久了,几乎不可能再收回瓶中。词人们已经学会如何使用言情的新技法,这是他们不可能,也不愿丢弃的,可以用来凸显私密情感的每一个细节轮廓的一整套新美典的形式规则。

辛弃疾的词创作恰逢这一时刻。关于他的作品为何如此出色的问题,可以有很多解释,人们谈论得最多的是渗透于其作品中的爱国情感的作用。但应当没有人会否认,尽管有许多词人——有的与辛弃疾同时代,有的年代与其接近——也将爱国情怀作为他们主要的创作主题,然而仅有一个伟大的辛弃疾;因此我们最好从不同于习惯的角度来看待这个问题。我们在前面已经追溯中国诗人在情感表达上的艰难历程,并且试图推断,到了辛弃疾的时代,一个非同寻常的人物横空出世大展身手的时机已经到了。

我们可以合理地推测,起自晚唐经历北宋的个人情感解放,无论是艳情的恣意表达还是穷通荣辱引发的感怀,一定给后来像辛弃疾这样的词人壮了胆。而此时已臻于复杂严密的词体形式,特别是长调的形式,也为天才词人淋漓尽致的情感表达提供了似乎无限的可能性。尽管辛弃疾常常以表达伟大政治雄心的言志姿态开篇,一旦他任性起来,其词情的发泄便一发不可收拾,非诗言志与温柔敦厚的信条所能限量。

屈原是辛弃疾的偶像之一,屈原作品中的典故也经常被辛弃疾拿来用于自己的作品。但与辛弃疾相比,屈原对个人穷通的抱怨几乎可算是"温柔"。而班固对屈原的批评——"露才扬己",如果用于描述辛词,又可能是严重的低估。辛弃疾要求自己的非常品质被仰慕;毫不扭捏地炫耀着他的狂傲;不认为愤懑的表达需要节制。他赞美蔑视，品赏愤怒的滋味，并提醒读者注意其声音中的锋芒。当他宣称要偃旗息鼓，退而栽花种树的时候，他懂得如何让声音带着威胁的语气。可以说，他粗暴地践踏了"温柔敦厚"。

在中国诗歌史中，仅有一位诗人的自负程度可与辛弃疾比肩，那便是李白。但由于李白以"谪仙"自居，笼罩他的浪漫乃至俏皮，使得他更像方外之士，从而减轻了其挑战既有秩序的态度对老传统的威胁。辛弃疾却是太关心现世的凡人，胸中有太多磈磊。他身处现有道德政治结构中，却从体制内部发起了反叛。他是儒家传统下桀骜不驯的人物。因而，其性格特质中的每个姿态都意味着对儒家自我观的挑战。本书第一章提到的用来形容辛弃疾的几个关键词如"性情""真气""奇气"，都只是企图把握这位词坛巨擘的抽象表述。辛弃疾有很多追随者，被后来的批评家归入"豪放派"。他们都喜爱辛弃疾的英姿，并拾起辛弃疾的高论，其中一些人甚至把辛弃疾的风格模仿得惟妙惟肖。[31]但他们的作品缺乏辛弃疾个性中最本质的精髓，故后世批评家会带着崇拜与敬畏谈论辛弃疾的豪放，而提及这些所谓"豪放派"追随者时，却常常语含贬义。

在宋代文坛上，辛弃疾的别具一格可谓锋利无比。他情感之强烈与表达之率直，在南宋后期的主要词人身上皆未见到。在精神层面，他的激情与热忱更接近于明末清初文学思潮所倡导的品质。金圣叹对真诗的评价——"人之心头忽然之一声耳""忽从胸中笔下，蓦地自然流出"[32]，可作为概括许多辛词的恰当表述。就其奔放的诗歌表达而言，辛弃疾领先于其时代。

作为"志"的一个方面的"穷通"主题在辛词中的明显呈现,可以部分解释为何辛弃疾没有因我行我素而招致过多的批评。或许是其心无城府的孩童般的坦诚所表达出的情感,使得他免受谴责。更重要的是,其词作触动了传统士大夫意识深处的一根弦,他们在辛弃疾的作品中认出了自己。这些文化精英的自我表达倾向与自我褒扬的内心冲动在辛词中获得了满足的快感,这是被诗言志的迂腐规则所禁止的愉悦。

在对新儒家个人主义倾向的研究中,狄百瑞注意到经历过变动的宋代社会文化环境"催生了一种以往传统前所未有的充满活力的精神状态和自我表达形式"[33]。这一现象之所以引人瞩目,是因为儒家人格主义一直认为自我实现只能"通过社会性过程以及同他人的道德精神交流"来获得。尽管这一时期个人主义爆发的场所主要是在学术与文化领域,而非更广泛的社会范围[34],也尽管这种爆发总是受到"恒在的儒家人格主义"的节制[35],它确实试探了"自我的极限"[36]。

诚然,据刘子健(James T. C. Liu)的研究,到了辛弃疾的时代,曾给宋代前期文坛与政坛带来勃勃生机的知识领域的多样性已经发出了最后的光芒,即将被新的一统思想取代。[37]但如果以为这一趋势意味着宋代文人士大夫对更倾向个人主义自我表达的追求在文化领域的消亡,则未免过于简单化了。其实,在某种意义上,活跃于辛弃疾所处年代的新一波儒学思想发展便是传统儒学面对新挑战时的一种自我调节。[38]

新儒学——尤其是朱熹(1130—1200)的社会哲学——试图解决的一个关键问题是如何用普遍的具"应万事""宰万物"之

能的"道心"来涵盖统摄表现于个体中的人性,此即朱熹的"心统性情"理论的要义。也许正是由于朱熹注意到其所处时代之人性的不安骚动,担心带来不良的道德影响,才认为有必要用"道德—宇宙"法则来解释人类社会的伦理。朱熹的意识形态模式带着天理与人性之间与生俱来的张力,与诗言志理论的本质特征相映成趣——志对情感的控制,或是志对情感无所不在的渗透。即便辛弃疾现象不是"天理"与人性、志与情之间的直接冲突的结果,也正是二者摩擦出来的现象。朱熹的头脑异常清晰,知道这一切意味着什么。他曾谈及好友辛弃疾:"今日如此人物,岂易可得?向使早向里来有用心处,则其事业俊伟光明,岂但如今所就而已耶。"㊴

朱熹惊叹于辛弃疾的性格与才能,或他的天赋,但对其没被引导至正确的"用心处"深感遗憾。这让人想起朱熹在不同场合评论《论语·先进》中众所周知的"各言其志"章。其中,孔子要门生表达他们的"志",四个学生应老师的要求做出了不同的回答:

> 子路率尔而对曰:"千乘之国,摄乎大国之间,加之以师旅,因之以饥馑;由也为之,比及三年,可使有勇,且知方也。"
> 夫子哂之。
> "求(冉有)!尔何如?"
> 对曰:"方六七十如五六十,求也为之,比及三年,可使足民。如其礼乐,以俟君子。"

"赤(公西华)！尔何如？"

对曰："非曰能之，愿学焉。宗庙之事，如会同，端章甫，愿为小相焉。"

"点(曾皙)！尔何如？"

鼓瑟希，铿尔，舍瑟而作，对曰："异乎三子者之撰。"

子曰："何伤乎？亦各言其志也。"

曰："莫春者，春服既成，冠者五六人，童子六七人，浴乎沂，风乎舞雩，咏而归。"

夫子喟然叹曰："吾与点也！"⑩

朱熹对《论语》中这个章节的点评几乎与此章节本身一样著名：

> 曾点之学，盖有以见夫人欲尽处，天理流行，随处充满，无少欠阙。故其动静之际，从容如此。而其言志，则又不过即其所居之位，乐其日用之常，初无舍己为人之意。而其胸次悠然，直与天地万物上下同流，各得其所之妙，隐然自见于言外。视三子之规规于事为之末者，其气象不侔矣，故夫子叹息而深许之。⑪

孔子从心底里认可曾点。正如孔子的喟然感叹，朱熹对天理通过日常体验在曾点身上自然而无需强求的实现也情不自禁地表示钦佩。朱熹对曾点之言的解读表明，他相信艺术与伦理、审美体验与伦理体验的完美融合。⑫再者，他看到了个性的自发、直观表达的美好（只要该个性"直与天地万物上下同流"）。但作为儒家道德家，他发现很难在伦理问题的关切上让步。实际上，他对曾点的钦佩也并非毫无保留的。据他与学生的对话记录，他后来多次修改了对曾点的赞扬。当学生向他请教，曾点自然无心的举止的含义以及为何孔子如此被他打动时，朱熹说：

> 曾点见处极高，只是工夫疏略。他狂之病处易见，却要看他狂之好处是如何。
> 曾点言志，当时夫子只是见他说几句索性话，令人快意，所以与之。其实细密工夫却多欠阙，便似庄列。
> 曾点见得大意，然里面工夫却疏略。
> 三子之志趣，皆止于所能；而曾点气象又大，志趣又别，极其所用，当不止此也。……曾点虽是如此，于用工夫处亦欠细密。[43]

上述文字与前面所引朱熹对辛弃疾的评价具有惊人的相似性。朱熹知道曾点的不同寻常，并钦慕其人格。但他一再强调的工夫透露了他的担忧：无论多么不同寻常的人，如果缺乏自我修养的"细密工夫"，不可能走得很远。有趣的是，在朱熹给《论语》作的注中，他由衷地称赞了曾点，而当他与学生讨论问题时，却大胆地表示不赞同孔子的看法，也不真的"与点"。他如此执着于"工夫"，却没能具体指出曾点所缺乏的究竟是哪种工夫。朱熹的思想中似乎存在根深蒂固的矛盾。作为伟大的理学家，他欣赏自发与直觉的天然美，而作为道德家，以及同样也是重要的，作为面对学生的老师时，他总是有种责任感，一心要借助着道德工夫，将人类自然倾向引导到正确的轨道上。

现在我们可以从更好的角度，理解前文所引朱熹对辛弃疾评论的含义了。如果熟悉朱熹的话语，则很容易看出，他强调的对"用心处"的关注，实际上就是"工夫"。而他在曾点身上发现的"狂"的特性，狂傲与率真，从基本意义来看，与我们归纳的辛弃疾之狂大同小异。朱熹深深感喟并遗憾于，辛弃疾具有如此超常的个性，却不能取得更高的成就，因为他没有被教导要更注重在道德修养方面下彻底和踏实细密的工夫。此时，他是在讨论作为人的辛弃疾。但有没有这样的可能，当他这么说的时候，其实也是在评价作为诗人的辛弃疾？无论如何，辛弃疾令其失望真是太幸运了。否则，中国诗歌史上最鲜艳的篇章中将失去灿烂的一页。

注　释

① 郭绍虞《中国历代文论选》，第30页。
② 《诗大序》的署名与创作时间仍存争议。现代学者倾向于认为其创作时间为前三世纪末至一世纪，作者身份已无法考证。参见 Chow Tse-tsung（周策纵），"The Early History of the Chinese Word Shih (Poetry)," in *Wen-lin: Studies in the Chinese Humanities*, edited by Chow Tse-tsung, Madison: University of Wisconsin Press, 1968. pp.157—158.
③ Stephen Owen, *Reading in Chinese Literary Thought*, p.41.
④ Steven Van Zoeren（范佐伦）试图定义"志"的时候如此说，他也承认这是一项不可能完成的任务。Zoeren 指出该术语的原义可能是"目的"或"目标"。在先秦文献如《左转》《论语》《孟子》中，志的意思分别近似于雄心、起指引作用的专注思虑或方向目标。具体请见 Van Zoeren's *Poetry and Personality: Reading, Exegesis, and Hermeneutics in Traditional China*. Stanford: Stanford University Press, 1991, p.12.

⑤ 郭绍虞《中国历代文论选》，第30页。
⑥ 吴伏生（Fusheng Wu）在"发乎情"与"止乎礼义"的差异中发现了"微妙的矛盾"。他说，前者"意味着自发性与自然"，而后者"暗示着实施深思熟虑的、人为的控制"。参见 Fusheng Wu, *The Poetics of Decadence: Chinese Poetry of the Southern Dynasties and Late Tang Periods*. Albany: State University of New York Press, 1998, p.15.
⑦ 参见 James Liu, *Chinese Theories of Literature*, p.70.
⑧ 该术语首见于《礼记》之《经解》篇的开头："孔子曰：入其国，其教可知也。其为人也，温柔敦厚，诗教也。"孔颖达（574—648）在其《正义》中这样解释该术语："温谓颜色温润，柔谓性情和柔。《诗》依违讽谏，不指切事情，故曰温柔敦厚是诗教也。"孔注引自朱自清的《诗言志辨》，《朱自清全集》第6册，南京：江苏教育出版社1990年版，第251页。
⑨《论语》卷三，第二十则。
⑩《管子》之《内业》篇。参见凌汝亨《管子辑评》，第250页。
⑪《荀子》之《劝学》篇。参见杨家骆编撰《荀子约注》，上海：世界书局1934年版，第7页。
⑫ 参见朱自清的《诗言志辨》，《朱自清全集》第6册，第158—174页。
⑬ 该表达首见于陆机（261—303）的《文赋》，参见《文赋》，郭绍虞《中国历代文论选》，第67页。
⑭《论语》卷二，第二则；卷十七，第九则。
⑮ 参见白居易《与元九书》，郭绍虞《中国历代文论选》，第139—145页。
⑯ Stephen Owen, *Reading in Chinese Literary Thought*, p.42.
⑰ 班固《离骚序》，洪兴祖《楚辞补注》，台北：艺文印书馆，1973年版。
⑱ 王逸《离骚经章句》，洪兴祖《楚辞补注》，第48—49页。
⑲ 同上，第50页。
⑳ Charles Hartman, "Poetry," *The Indiana Companion to Traditional Chinese Literature*, edited by William H. Nienhauser, Bloomington: Indiana University Press, 1986, p. 62.
㉑ 同上。

㉒ 王勃《上礼部裴侍郎启》，引自王启兴《论儒家诗教及其影响》，《文学遗产》1987年第4期，第12页。

㉓ 这种并非真正出自中国文学背景的矛盾的"反审美的文学趋势"，在刘朝谦的论文中得到了有趣的讨论，参见刘朝谦《试论隋唐反审美的文学思潮》，《社会科学研究》1989年第6期，第109—115页。

㉔ 蔡涵墨认为阮籍便是此类非常人物的极佳例子。阮籍把他的系列诗篇共计八十二首称作"咏怀诗"，但发自其内心的并非《诗大序》所规定的纯粹之志。尽管他的诗仍然不得不与政治问题有关，但更关乎个人情感。另外，他所表达的情感还不只是个人的，而是如蔡涵墨所指出的，是私密的。笔者同意蔡的观点，确实有必要对个人与私人做一个区分，尤其在我们谈论诗言志问题时。蔡涵墨认为："《诗经》是非个人化的，《楚辞》是个人化的，然而，尽管二者都关心政治之'志'，却皆非私密情感的表达，也都对与政治及其状况无关的情感漠不关心。"在他看来，阮籍是首位保持"私人情感与公开宣示之间的恰当诗意平衡"的诗人。参见Hartman, "Poetry", pp.66—67.

㉕ 朱自清《诗言志辨》，《朱自清全集》第6册，第169页。

㉖ 同上，第171—172页。亦可参见该研究第一章的相关讨论。

㉗ 参见林顺夫关于两种文体"分工"的讨论，参见林文 "The Formation of a Distinct Generic Identity for *Tz'u*", in *Voices of the Song Lyric in China*, edited by Pauline Yu（余宝琳），p.18.

㉘ 李泽厚也谈到诗与词的分工，并认为这是由情感与强加于诗歌的道德政治目的之间的先天冲突带来的不可避免的后果。参见李泽厚《华夏美学》，第30页。

㉙ 迄今为止，对词在北宋文人士大夫中的声誉不佳做了最深入研究的是艾朗诺，参见Egan, "The Problem of the Repute of Tz'u During the Northern Sung", in *Voices of the Song Lyric in China*, pp.191—225.

㉚ 胡寅《向芗林酒边集后序》，引自吴熊和《唐宋词通论》，杭州：浙江古籍出版社1985年版，第288页。

㉛ 岳珂（1183—1243?）在《桯史》中记录了刘过如何模仿辛弃疾的词风，

以及辛弃疾如何为之大喜。参见吴企明点校《桯史》，中华书局1981年版，第23页。
㉜ 金圣叹编《唐才子诗》，台北：影印本，1963年版，第546页。
㉝ William Theodore de Bary(狄百瑞), "Neo-Confucian Individualism and Holism", in Donald J. Munro(孟旦), ed. *Individualism and Holism: Studies in Confucian and Taoist Values*, Ann Arbor: Center for Chinese Studies, the University of Michigan, 1985, p.350.
㉞ 同上，第334页。
㉟ 同上，第332页。
㊱ 同上，第350页。
㊲ 参见James T. C. Liu(刘子健), *China Turning Inward: Intellectual-Political Changes in the Early Twelfth Century*, Harvard East Asian Monographs, No.132, Cambridge: Council on East Asian Studies, Harvard University, 1988, pp.18—20.
㊳ 狄百瑞甚至提出，新儒学本身就是当时个人主义运动的一部分。他说："我们可能有权谈论一种新儒家学者在文化活动中表现出来的个人主义，并且我们可以发现与自主思维相关的某些价值——自我意识、批判性意识、创造性思想、独立的努力与判断——如何进入该学派的基本文本。"参见de Bary, *The Liberal Tradition in China*, New York: Columbia University Press, 1983, p.65.
㊴ 朱熹《答杜叔高书》，《朱子大全》卷六十，据明刊本影印，台北：台湾中华书局1966年版，第7页。
㊵《论语》卷十一，第二十六则。
㊶ 朱熹《论语章句集注》，天津：天津古籍书店1988年版，第48页。
㊷ 关于审美与伦理完美融合的讨论，详参徐复观《中国艺术精神》，台中：东海大学出版社1966年版，第17—19页，以及张亨《〈论语〉论诗》，台北：《文学评论》1980年第5期，引自李泽厚《华夏美学》，第165页。
㊸ 朱熹《朱子语类》第三册，台北：正中书局1962年版，第1695—1700页。

参考文献

中文、日文文献

[1] 白居易《与元九书》，郭绍虞《中国历代文论选》，第139—145页。
[2] 班固《汉书》，北京：中华书局1962年版。
[3] 蔡起福《论稼轩词的风格——格式塔的启示》，《北京社会科学》1996年第1期，第37—43页。
[4] 蔡义江、蔡国黄《稼轩长短句编年》，香港：上海书局有限公司1979年版。
[5] 蔡义江、蔡国黄《辛弃疾年谱》，济南：齐鲁书社1987年版。
[6] 蔡钟翔、黄保真、成复旺《中国文学理论史》，北京：北京出版社1991年版。
[7] 曹丕《典论·论文》，郭绍虞《中国历代文论选》，第60—64页。
[8] 曹丕《与吴质书》，蔡钟翔等《中国文学理论史》，第2册，第172页。
[9] 常国武《稼轩词臆说》，《南京师范大学学报》1987年第3期，第62—66页。
[10] 常国武《辛稼轩词集》，成都：巴蜀书社1988年版。
[11] 陈宏天、高秀芳点校《苏辙集》，北京：中华书局1990年版。
[12] 陈满铭《稼轩词研究》，台北：文津出版社1980年版。
[13] 陈满铭《苏辛词比较研究》，台北：文津出版社1980年版。
[14] 陈绍箕《稼轩词评彙述》，台北：文津出版社1973年版。
[15] 陈师道《后山诗话》，汲古阁刊本。
[16] 陈淑美《稼轩词用典分类研究》，台湾大学中国文学研究所硕士论文，1967年。
[17] 陈廷焯《白雨斋词话》，《词话丛编》，第11册。

[18] 陈廷焯《放歌集》,《词则》,上海:上海古籍出版社 1984 年版。
[19] 陈廷焯《云韶集》,刘扬忠《辛弃疾词心探微》附录二《历代词评》,第 311—315 页。
[20] 陈祥耀《我国古典诗词演变的几个宏观规律》,《文学遗产》1986 年第 5 期,第 13—18 页。
[21] 陈一舟《结构的优势是宋词兴盛的一个内因》,《文学遗产》1987 年第 2 期,第 9—15 页。
[22] 程继红《七百年词学批评视野中的辛弃疾》,《上饶师专学报》1996 年第 4 期,第 35—41 页。
[23] 程千帆《辛词初论》,《词学研究论文集(1949—1979)》,上海:上海古籍出版社 1982 年版,第 364—384 页。
[24] 存萃学社编《辛稼轩研究论集》,香港:崇文书店 1983 年版。
[25] 村上哲见《宋词研究(唐五代北宋篇)》,东京:创文社 1976 年版。
[26] 段大林点校《刘辰翁集》,南昌:江西人民出版社 1987 年版。
[27] 邓广铭《稼轩词编年笺注》,上海:上海古籍出版社 1978 年版。
[28] 邓广铭《辛稼轩诗文钞存》,上海:古典文学出版社 1957 年版。
[29] 邓广铭《辛稼轩先生年谱》,上海:商务印书馆 1947 年版。
[30] 范玑《过云庐画论》,黄复盛编《清代画论四篇语译》,南京:江苏美术出版社 1987 年版,第 6—69 页。
[31] 范开《稼轩词序》,江润勋《词学批评史稿》,香港:龙门书局 1966 年版。
[32] 房玄龄《晋书》,北京:中华书局 1974 年版。
[33] 高建中《婉约、豪放与正变》,《词学》1983 年 2 月,第 150—153 页。
[34] 高友工(Kao Yu-kung)《小令在诗传统中的地位》,《词学》1992 年 9 月,第 1—21 页。
[35] 高友工《中国语言文字对诗歌的影响》,《中外文学》1989 年 8 月 12 日,第 4—38 页。
[36] 葛兆光《论典故——中国古典诗歌中一种特殊意象的分析》,《文学评论》1989 年第 5 期,第 19—30 页。

[37] 顾随《倦驼庵稼轩词说》,《词学研究论文集(1911—1949)》,第152—194页。
[38] 顾学颉校点《随园诗话》,北京:人民文学出版社1982年版。
[39] 郭晋稀《文心雕龙注译》,兰州:甘肃人民出版社1982年版。
[40] 郭美美《东坡在词风上的继承与创新》,台北:文津出版社1990年版。
[41] 郭模《人物志及注校证》,台北:文史哲出版社1987年版。
[42] 郭绍虞《中国文学批评史》,上海:商务印书馆1950年版。
[43] 郭绍虞《中国历代文论选》,上海:上海古籍出版社1979年版。
[44] 郭志熙《中国怪诞人格:狂士、隐士文化批判》,《文学理论研究》1990年第1期,第75—80页。
[45] 华东师范大学中文系古典文学教研室编《词学研究论文集(1949—1979)》,上海:华东师范大学出版社1982年版。
[46] 华东师范大学中文系古典文学教研室编《词学论稿》,上海:华东师范大学出版社1986年版。
[47] 华东师范大学中文系古典文学教研室编《词学研究论文集(1911—1949)》,上海:华东师范大学出版社1988年版。
[48] 韩广泽《如何评价辛弃疾的农村词》,《天津社会科学》1984年第5期,第78—82页。
[49] 韩经太《清真、白石词的异同与两宋词风的递变》,《文学遗产》1986年第3期,第93—101页。
[50] 韩经太《从抒情主体的心态模式看古典诗歌的美学特质》,《文学遗产》1987年第1期,第7—13页。
[51] 韩经太《论中国古典诗歌的悲剧性美——对一种典型诗学现象的文化心理透视》,《中国社会科学》1990年第1期,第183—199页。
[52] 韩经太《宋词与宋世风流》,《中国社会科学》1994年第6期,第142—155页。
[53] 韩愈《答李翊书》,郭绍虞《中国历代文论选》,第151—152页。
[54] 杭文兵《为什么替封建官吏辛弃疾唱赞歌——评邓广铭同志在辛弃疾研究中的历史观点和方法》,《光明日报》1966年4月3日,第4版。

[55] 郝经《内游》,《郝文忠公集》,潘锡恩《乾坤正气集》,Jing County: 秋实斋1848年刊本,第7册,第3098页。
[56] 贺贻孙《诗筏》,张连第《中国历代诗词曲论专著提要》,北京:北京师范大学出版社1991年版,第228—231页。
[57] 胡传志《稼轩师承关系与词学渊源》,《安徽大学学报》1997年第1期,第69—75页。
[58] 胡国瑞《诗词体性辨》,《文学评论》1984年第3期,第108—112页。
[59] 胡适《胡适古典文学研究论集》,上海:上海古籍出版社1988年版。
[60] 胡寅《向芗林酒边集后序》,引自吴熊和《唐宋词通论》,杭州:浙江古籍出版社1985年版,第288页。
[61] 胡云翼《宋词选》,上海:中华书局1962年版。
[62] 胡云翼《中国词史》,香港:艺文出版社1985年版。
[63] 黄苏《蓼园词评》,转引自唐圭璋编《唐宋词鉴赏辞典》,第556页。
[64] 黄宗羲《马雪航诗序》,《南雷文约》1718年刻本。
[65] 洪兴祖《楚辞补注》,台北:艺文印书馆,1973年版。
[66] 姜林洙《辛弃疾传》,台北:中国学术著作奖助委员会1964年版。
[67] 姜尚贤《宋四大家研究》,台北:从文行印书局1962年版。
[68] 金圣叹《唐才子诗》,影印本,台北:1963年版。
[69] 金性尧《唐诗三百首新注》,上海:上海古籍出版社1980年版。
[70] 雎苻《简论辛稼轩的积极意义》,《古典文学论丛》,济南:齐鲁书社1980年版。
[71] 孔凡礼《辛稼轩诗词补辑》,《文史》1980年第9期,第241—244页。
[72] 孔颖达《礼记正义》,引自朱自清的《诗言志辨》,《朱自清全集》第6册。
[73] 寇效信《曹丕"文以气为主"辨》,《陕西师范大学学报》,1994年第2期,第68—74页。
[74] 李德裕《文章论》,《李文饶文集 外集》,《四部丛刊》,上海:商务印书馆1920—1936年版。
[75] 黎烈南《苏辛农村词异趣浅探》,《江汉论坛》1989年第12期,第55—58页。

[76] 李清照《词论》,《中国历代文论选》, 第 189—192 页。
[77] 李延寿《南史》, 北京: 中华书局 1975 年版。
[78] 李泽厚《华夏美学》, 香港: 三联书店 1988 年版。
[79] 李泽厚《中国古代思想史论》, 北京: 人民文学出版社 1985 年版。
[80] 李贽《焚书 续焚书》, 北京: 中华书局 1975 年版。
[81] 梁超然《略论辛弃疾在词史上的地位》,《西北大学学报》1987 年第 4 期, 第 42—49 页。
[82] 梁启超、梁启勋《稼轩词疏证》, 1931 年刊本。
[83] 梁肃《补阙李君前集序》, 引自蔡钟翔等《中国文学理论史》。
[84] 林庚、冯沅君《中国历代诗歌选》, 北京: 人民文学出版社 1979 年版。
[85] 林俊荣《稼轩词新探与选译》, 北京: 书目文献出版社 1986 年版。
[86] 林玫仪《词学考诠》, 台北: 联经出版事业公司 1987 年版。
[87] 凌汝亨《管子辑评》, 台北: 台湾中华书局 1970 年版。
[88] 刘大杰《中国文学发展史》, 香港: 古文书局 1964 年版。
[89] 刘克庄《题刘叔安感秋八首》,《后村先生大全集》, 引自刘扬忠《辛弃疾词心探微》附录, 第 272 页。
[90] 刘克庄《辛稼轩集序》, 参见《旧本稼轩词序跋》, 刘扬忠《辛弃疾词心探微》附录一, 第 250 页。
[91] 刘乃昌《豪放与协律》,《词学》1983 年 2 月, 第 125—131 页。
[92] 刘乃昌《辛弃疾论丛》, 济南: 齐鲁书社 1979 年版。
[93] 刘石《苏轼词研究》, 台北: 文津出版社 1992 年版。
[94] 刘述先《朱子哲学思想的发展与完成》, 台北: 学生书局 1982 年版。
[95] 刘文典《淮南鸿烈集解》, 北京: 中华书局 1989 年版。
[96] 刘修明《毛泽东与"大字本"》,《中外论坛》1994 年第 3 期, 第 1—8 页。
[97] 刘熙载《词概》,《词话丛编》, 第 11 册。
[98] 刘熙载《书概》,《艺概》, 上海古籍出版社 1978 年版。
[99] 刘扬忠《北宋时期的文化冲突与词人的审美选择》,《湖北大学学报》1998 年第 3 期, 第 37—42 页。
[100] 刘扬忠《辛稼轩词百首译析》, 石家庄: 花山文艺出版社 1983 年版。

[101] 刘扬忠《稼轩词与酒》,《文学评论》1992年第1期,第106—114页。

[102] 刘扬忠《辛弃疾词心探微》,济南:齐鲁书社1989年版。

[103] 刘尧民《词与音乐》,昆明:云南人民出版社1982年版。

[104] 刘义庆《幽明录》,北京:文化艺术出版社1988年版。

[105] 刘朝谦《试论隋唐反审美的文学思潮》,《社会科学研究》1989年第6期,第109—115页。

[106] 刘桢《与吴质书》,引自蔡钟翔等《中国文学理论史》,第2册,第172页。

[107] 刘尊明、王兆鹏《词的本质特征与词的起源——词学研究两个基本理论问题的阐释》,《文学评论》1996年第5期,第120—127页。

[108] 龙榆生《词曲概论》,上海:上海古籍出版社1980年版。

[109] 陆机《文赋》,《中国历代文论选》,第66—82页。

[110] 陆侃如、冯沅君《中国诗史》,香港:古文书店1961年版。

[111] 陆游《陆放翁全集》,上海:国粹整理社1936年版。

[112] 罗忼烈《漫谈北宋词人周邦彦》,《文学遗产》1983年第2期,第52—66页。

[113] 罗忼烈《漫谈辛稼轩的经济生活》,《明报月刊》1982年8月17日,第77—79页。

[114] 马积高《宋明理学与文学》,长沙:湖南师范大学出版社1989年版。

[115] 马群《论稼轩词的用典》,《杭州大学学报》1988年第2期,第59—65页,第80页。

[116] 马群《论辛弃疾的山水词》,《思想战线》1980年第2期,第74—80页。

[117] 马兴荣《建国三十年来的词学研究》,华东师范大学中文系古典文学研究室编《词学论稿》,第429—442页。

[118] 毛苌《诗大序》,《中国历代文论选》,第30页。

[119] 缪钺《诗词散论》,上海:开明书店1948年版。

[120] 缪钺《三国志选注》,北京:中华书局1984年版。

[121] 缪钺《宋词与理学家——兼论朱熹诗词》,《四川大学学报》1989年第2期,第81—85页。

［122］缪钺《唐宋词中"感士不遇"心情初探》,《四川大学学报》1990年第4期,第48—52页。

［123］缪钺、叶嘉莹《词学古今谈》,长沙：岳麓书社1993年版。

［124］缪钺、叶嘉莹《灵豀词说》,上海：上海古籍出版社1987年版。

［125］敏泽《中国文学理论批评史》,北京：人民文学出版社1981年版。

［126］牟宗三《才性与玄理》,台北：学生书局1974年第三版。

［127］欧阳修、宋祁《新唐书》,北京：中华书局1975年版。

［128］钱伯城《袁宏道集笺校》,上海：上海古籍出版社1981年版。

［129］钱谦益《季沧苇诗序》,引自赵伯陶《清代初期至中期诗论刍议》,《文学遗产》,1984年第2期,第30—38页。

［130］钱锺书《也是集》,香港：广角镜出版社1984年版。

［131］秦寰明《略论宋词的复雅》,《学术研究》1985年第3期,第90—94页。

［132］《全唐诗》,北京：中华书局1960年版。

［133］任二北《敦煌曲初探》,上海：上海文学联合出版社1955年版。

［134］萨进德（Stuart Sargent）《试论辛稼轩词和赫里克抒情诗之用典习风及其意义》,第三届辛弃疾研究国际学术研讨会论文集,中国,1991年。

［135］沈德潜《南园唱和诗序》,引自蔡钟翔《中国文学理论史》,第4册,第452页。

［136］沈德潜《说诗晬语》,引自蔡钟翔《中国文学理论史》,第4册,第453页。

［137］沈家庄《宋词文体特征的文化阐释》,《文学评论》1998年第4期,第143—152页。

［138］沈开生《世传辛弃疾寿韩侂胄词辨》,《杭州大学学报》1980年第4期,第79—80页、第124页。

［139］沈祥龙《论词随笔》,《词话丛编》,第12册。

［140］史双元《宋词与佛道思想》,北京：今日中国出版社1992年版。

［141］施议对《百年词通论》,《文学评论》1989年第5期,第43—53页、第73页。

［142］施议对《词与音乐关系研究》,北京：中国社会科学出版社1985年版。

[142] 施议对《词体结构论简说》,"Conference on Tz'u Poetry", York, Maine, 1990年。
[143] 施议对《建国以来词学研究述评》,1984年第1期,第157—174页。
[144] 施议对《李清照＜词论＞及其"易安体"》,《中国古典文学论丛》, 1986年第4期,第172—191页。
[145] 施议对《论稼轩体》,《中国社会科学》1987年第5期,第155—170页。
[146] 施议对《吴世昌传略》,《晋阳学刊》1985年第5期,第49—56页。
[147] 司马迁《史记》,北京:中华书局1959年版。
[148]《四书五经》,上海:世界书局编1936年,天津:天津古籍书店1988年版。
[149] 松年《颐园论画》黄复盛编《清代画论四篇语译》,南京:江苏美术出版社1987年版,第188—313页。
[150] 孙克宽《蒙古汉军与汉文化研究》,台北:文星书店1958年版。
[151] 谭献《复堂词话》,《词话丛编》,第11册。
[152] 唐圭璋《词话丛编》,台北:广文书局1967年版。
[153] 唐圭璋《全宋词》,北京:中华书局1965年版。
[154] 唐圭璋、潘君昭《唐宋词学论集》,济南:齐鲁书社1985年版。
[155] 唐满先《陶渊明集笺注》,南昌:江西人民出版社1985年版。
[156] 唐志契编《名人画图语录》,引自袁行霈、孟二冬《中国文学批评史上的文气论》,《中国古典文学论丛》第三辑,第224—225页。
[157] 汤一介《再论中国传统哲学的真善美问题》,《中国社会科学》1990年第3期,第27—38页。
[158] 佟培基《辛弃疾与史正志》,《文学遗产》1982年第4期,第66—71页。
[159] 万树《词律》,上海:上海古籍出版社1984年版。
[160] 万云骏《论近人关于宋词研究的一些偏向》,尹达编《纪念顾颉刚学术论文集》,成都:巴蜀书社1990年版,第2册,第787—821页。
[161] 万云骏《诗词曲欣赏论稿》,北京:中国社会科学出版社1986年版。
[162] 王勃《上礼部裴侍郎启》,引自王启兴《论儒家诗教及其影响》,《文学遗产》1987年第4期,第7—14页。

[163] 王概《学画浅说》，黄宾虹、邓实《美术丛书》，上海：艺文印书馆1947年版，第131页。

[164] 王华《由宋人词学观念的演变看宋词的命运》，《文学遗产》1988年第5期，第48—59页。

[165] 王琦注《李太白全集》，北京：中华书局1977年版。

[166] 王水照《从苏轼、秦观词看词与诗的分合趋向——兼论苏词革新和传统的关系》，《复旦学报》1988年第11期，第74—82页。

[167] 王水照《日本的中国词学研究述评》，《学术月刊》1988年第1期，第51—57页。

[168] 王水照《唐宋文学论集》，济南：齐鲁书社1984年版。

[169] 王叔岷《庄子校诠》，台北：台湾商务印书馆1988年版。

[170] 王延梯《辛弃疾在民族斗争中的法家路线》，《文史哲》1975年第1期，第64—70页。

[171] 王逸《离骚经章句》，洪兴祖《楚辞补注》，第48—50页。

[172] 王展翅《也谈辛稼轩》，《明报月刊》1983年2月18日，第76—79页。

[173] 王幼安、徐调孚编《蕙风词话 人间词话》，北京：人民文学出版社1982年版。

[174] 卫军英《稼轩词悲剧意绪的发展》，《杭州大学学报》1988年第3期，第101—106页、120页。

[175] 卫军英《稼轩词的悲剧效应及崇高意义》，《文学评论》1987年第6期，第159—161页、第136页。

[176] 吴企明点校《桯史》，中华书局1981年版。

[177] 吴世昌《词林新话》，北京：北京出版社1991年版。

[178] 吴世昌《词学论丛》，北京：中国文联出版社1991年版。

[179] 吴世昌《论词的章法》，《辽宁大学学报》1988年第4期，第66—68页、第79页。

[180] 吴世昌《试谈辛弃疾词》，《词学研究论文集（1949—1979）》，第383—394页。

[181] 吴世昌《宋词中的"豪放派"与"婉约派"》，《文史知识》1983年第

9期，第18—24页。

[182] 吴世昌《有关苏词的若干问题》，《文学遗产》1983年第2期，第42—51页。

[183] 吴熊和《唐宋词通论》，杭州：浙江古籍出版社1985年版。

[184] 吴曾《能改斋漫录》，上海：中华书局1960年版。

[185] 吴则虞，《辛弃疾词论略》，《文学遗产增刊》第6期，北京：作家出版社1958年版，第192—203页。

[186] 吴则虞《辛弃疾词选集》，上海：上海古籍出版社1993年版。

[187] 夏承焘《唐宋词欣赏》，天津：百花文艺出版社1980年版。

[188] 夏承焘《唐宋词论丛》，北京：中华书局1962年版。

[189] 夏承焘《辛弃疾词论纲》，《文学评论》1959年第3期，第122—132页。

[190] 夏承焘《辛弃疾的农村词》，《辛稼轩研究论集》，第65—74页。

[191] 夏承焘、蔡嵩云《词源注 乐府指迷笺释》，北京：人民文学出版社1981年版。

[192] 夏敬观《李太白研究》，台北：里仁书局1985年版。

[193] 谢桃坊《辛弃疾以文为词的社会文化背景》，《学术月刊》1987年第6期，第50—55页。

[194] 谢桃坊《新时期词学述评》，《社会科学研究》1989年第1期，第39—44页。

[195] 谢章铤《词话》，《赌棋山庄所著书》，南昌1885年刊本。

[196] 辛更儒《辛稼轩颂韩侂胄词辨伪》，《北方论丛》1984年第1期，第61—67页。

[197] 小川环树《辛弃疾菩萨蛮（郁孤台下）补考》，《中国文学报》1961年第14期，第58—66页。

[198] 徐复观《中国文学中的气的问题》，《中国文学论集》，台北：学生书局1974年版，第297—349页。

[199] 徐复观《中国艺术精神》，台中：东海大学出版社1966年版。

[200] 徐朔方《汤显祖诗文集》，上海：上海古籍出版社1982年版。

[201] 严迪昌《苏辛词风异同辨》，《社会科学战线》1980年第1期，第

233—240页。
[202] 杨家骆《荀子约注》，上海：世界书局1934年版。
[203] 杨海明《唐宋词风格论》，上海：上海社会科学院出版社1986年版。
[204] 杨海明《唐宋词史》，南京：江苏古籍出版社1987年版。
[205] 杨燕《建国以来辛弃疾研究述评》，《文史哲》1987年第6期，第97—100页。
[206] 叶嘉莹《唐宋词十七讲》，长沙：岳麓书社1989年版。
[207] 叶嘉莹《中国词学的现代观》，长沙：岳麓书社1990年版。
[208] 叶嘉莹编《诗馨篇》，北京：中国青年出版社1991年版。
[209] 叶朗《中国美学史大纲》，上海：上海人民出版社1985年版。
[210] 殷光熹《试论屈赋对辛词的影响》，《思想战线》1986年第4期，第80—86页。
[211] 于翠玲《"老来曾识渊明"——辛弃疾学陶浅说》，《西北大学学报》1985年第2期，第56—61页。
[212] 余冠英《汉魏六朝诗选》，北京：人民文学出版社1958年版。
[213] 俞平伯《唐宋词选释》，北京：人民文学出版社1979年版。
[214] 俞平伯《俞平伯学术精华录》，北京：北京师范学院出版社1988年版。
[215] 郁贤皓《辛弃疾在南宋阶级斗争中担当什么角色——评近几年来出版的几本辛弃疾专著》，《南京师范学院学报》1966年第1期，第21—27页。
[216] 郁沅《魏晋南北朝文学理论主潮》，《中国国学学刊》1990年第1期，第53—60页。
[217] 袁行霈、孟二冬《中国文学批评史上的文气论》，《中国古典文学论丛》第三辑，北京：人民文学出版社1985年版，第202—232页。
[218] 郑骞《景午丛编》，台北：台湾中华书局1972年版。
[219] 中州书画社编《宋史论集》，郑州：中州书画社1983年版。
[220] 周本淳《小仓山房诗文集》，上海：上海古籍出版社1988年版。
[221] 周祖谟点校《洛阳伽蓝记》，北京：中华书局1963年版。
[222] 曾大兴《柳永和他的词》，广州：中山大学出版社1990年版。
[223] 曾枣庄《苏轼与北宋豪放词派地位辨——与吴世昌先生商榷》，《四

川大学学报》1985年第1期，第79—85页。

[224] 詹安泰《宋词发展的社会意义》，《词学研究论文集（1949—1979）》，第209—222页。

[225] 詹安泰《宋词散论》，广州：广东人民出版社1980年版。

[226] 詹安泰《詹安泰词学论稿》，广州：广东人民出版社1984年版。

[227] 张兵《辛弃疾婉约词初探》，《西北师范大学学报》1991年第5期，第23—28页。

[228] 张高宽《论稼轩词的用典》，《辽宁大学学报》1981年第4期，第88—90页。

[229] 张亨《〈论语〉论诗》，（台北）《文学评论》1980年第5期，引自李泽厚《华夏美学》。

[230] 张连第《中国历代诗词曲论专著提要》，北京：北京师范大学出版社1991年版。

[231] 章学诚《章氏遗书》外集，上海：商务印书馆1936年版。

[232] 章垣铎《苏辛词内容与风格比较研究》，《台湾师范大学国文研究所集刊》1979年第2期。

[233] 赵伯陶《清代初期至中期诗论刍议》，《文学遗产》，1984年第2期，第30—38页。

[234] 赵明、薛敏珠《道家文化及其艺术精神》，长春：吉林文史出版社1991年版。

[235] 赵维江《稼轩词与金源文化》，《江海学刊》1998年第4期，第170—176页。

[236] 郑宏华《试论〈稼轩词〉与〈庄子〉》，《四川师范学院学报》1985年第2期，第70—73页、第69页。

[237] 钟铭钧《辛弃疾词传》，郑州：中州古籍出版社1985年版。

[238] 钟文《辛弃疾的爱国主义与尊法反儒精神》，《安徽师范大学学报》1975年第3期，第73—76页。

[239] 中国科学院文学研究所编《中国文学史》，北京：人民文学出版社1962年版。

[240] 周济《介存斋论词杂著》,《词话丛编》第 5 册。

[241] 周圣伟《南宋豪放词派形成的原因》,《词学》1983 年 2 月,第 132—149 页。

[242]《周易引得》,《哈佛燕京汉学引得》,台北:成文书局 1966 年版,第 10 册。

[243] 朱安群《气——辛词的不朽生命线》,《争鸣》1991 年第 3 期,第 92—98 页。

[244] 朱熹《朱子大全》,据明刊本影印,台北:台湾中华书局 1966 年版。

[245] 朱熹《论语章句集注》,天津:天津古籍书店 1988 年版。

[246] 朱熹《朱子语类》,台北:正中书局 1962 年版。

[247] 朱彝尊《江湖载酒集》,李富孙刻本。

[248] 朱自清《朱自清全集》,南京:江苏教育出版社 1990 年版。

[249] 宗白华《美学散步》,上海:上海人民出版社 1981 年版。

[250] 祖保泉《二十四诗品注释及译文》,香港:商务印书馆 1966 年版。

英文文献

[1] Althusser, Louis. *Lenin and Philosophy and Other Essays*. Translated from the French by Ben Brewster. London: Monthly Review Press,1971.

[2] Barthes, Roland(罗兰·巴特). "The Death of the Author." *Image, Music, Text*. Selected and translated by Stephen Heath. New York: Hill and Wang,1977,142-148.

[3] Baxter, Glen. "Metrical Origins of the *Tz'u*." *Harvard Journal of Asiatic Studies* 16(1953):108-145.

[4] Beaujour, Michel. *Poetics of the literary Self-Portrait*. Translated from the French by Yara Milos. New York: New York University Press,1991.

[5] Benveniste, Emile. *Problems in General Linguistics*. Translated by Mary Elizabeth Meek. Coral Cables: University of Miami Press,1971.

[6] Bryant, Daniel(白润德). *Lyric Poets of the Southern T'ang: Feng Yen-*

ssu,903-960, and Li Yu,937-978.Vancouver and London: University of British Columbia Press, 1982.

[7] Cai, Zong-qi (蔡宗齐). The Matrix of Lyric Transformation: Poetic Modes and Self-presentation in Early Chinese Pentasyllabic Poetry. Ann Arbor: Center for Chinese Studies, University of Michigan,1996.

[8] Chang, Kang-i-Sun (孙康宜). The Revolution of Chinese Tz'u Poetry: From Late T'ang to Northern Sung, Princeton: Princeton University Press,1980.

[9] Chao, Chia-ying Yeh (叶嘉莹). "The Ch'ang-chou School of Tz'u Criticism." In Chinese Approaches to Literature from Confucius to Liang Ch'i-ch'ao, edited by Adele Austin Rickett,151-188. Princeton: Princeton University Press,1978.

[10] Chao, Chia-ying Yeh (叶嘉莹). "Wu Wen-ying's Tz'u: A Modern View." In Studies in Literary Genres, edited by Cyril Birch,154-191. Berkeley: University of California Press,1974.

[11] Chen, Ch'ien. "Su Tung-p'o and Hsin Chia-hsuan: a Comparison." Translated from the Chinese by Yen Yuan-shu. Tamkang Review1.2(1970):45-57.

[12] Chou, Ying-hsiung. The Chinese Text: Studies in Comparative Literature. Hong Kong: Chinese University Press,1986.

[13] Chow, Tse-Tsung (周策纵). "The Early History of the Chinese Word Shih(Poetry)." In Wen-lin: Studies in the Chinese Humanities, edited by Chow Tse-tsung,151-209. Madison: University of Wisconsin Press,1968.

[14] de Bary, William T (狄百瑞). "Individualism and Humanitarianism in Late Ming Thought," in De Bary, ed. Self and Society in Ming Thought, New York: Columbia University Press,1970.

[15] de Bary, William T (狄百瑞). The Liberal Tradition in China, Hong Kong: Chinese University Press; New York: Columbia University Press,1983.

[16] de Man, Paul. "Autobiography as De-facement." Modern Language Notes 94.5(1979):919-930.

[17] Ducrot, Oswald and Todorov, Tzvetan."Enonciation." Dictionnaire

encyclopedique des sciences du langage. Paris: Editions Du Seuil,1979.
［18］ Dutton, Denis. "Why Intentionalism Won't Go Away." In *Literature and the Question of Philosophy*, edited by Anthony J. Cascardi,192-209. Baltimore and London: The John's Hopkins University Press,1987.
［19］ Eagleton, Terry. *Criticism and Ideology: A Study in Marxist Literary Theory*. London: NLB,1976.
［20］ Eagleton, Terry. *The Function of Criticism: From the Spectator to Poststructuralism*. London: Verso,1984.
［21］ Ebrey, Patricia B（伊佩霞）. *Family and Property in Sung China: Yuan Ts'ai's Precepts for Social life*. Princeton: Princeton University Press,1984.
［22］Egan, Ronald C（艾朗诺）. *The Literary Works of Ou-syang Hsiu*. Cambridge: Cambridge University Press,1984.
［23］Egan, Ronald C（艾朗诺）. "The Problem of the Repute of Tz'u During the Northern Sung", in *Voices of the Song Lyric in China*, edited by Pauline Yu（余宝琳）,191-225. Berkeley: University of California Press,1994.
［24］Egan, Ronald C（艾朗诺）. *Word, Image, and Deed in the Life of Su Shi*, Cambridge: Council on East Asian Studies, Harvard University, and the Harvard-Yenching Institute,1994.
［25］Erlich, Victor. "Limits of Biographical Approach." *Comparative Literature* 6.2(1954):130-137.
［26］Fong, Grace S（方秀洁）. "Contextualization and Generic Codes in the Allegorical Reading of Tz'u Poetry." *Tamkang Review* 19.1-4(1988):633-679.
［27］Fong, Grace S（方秀洁）. "Persona and Mask in the Song Lyric(*Ci*)," Harvard Journal of Asiatic Studies 50.2(1990):459-484.
［28］Fong, Grace S（方秀洁）.*Wu Wenying and the Art of Southern Song Ci Poetry*, Princeton: Princeton University Press,1987.
［29］Fusek, Lois（傅恩）, tr. Among the Flower: *A Translation of the Tenth-Century Anthology of Tz'u Lyrics, the Hua-chien chi*. New York and London: Columbia University Press,1982.

[30] Hartman, Charles（蔡涵墨）. "Poetry", one of the introductory essays appearing at *the beginning of The Indiana Companion to Traditional Chinese Literature*, edited by William H. Nienhauser,Jr.,59-74. Bloomington: Indiana University Press,1986.

[31] Hegel, Robert E.（何谷理）, "An Exploration of the Chinese Literary Self," in *Expression of Self in Chinese Literature*, edited by Robert Hegel and Richard C. Hessney（何恩南）,3-30. New York: Columbia University Press,1985.

[32] Hightower, James R（海陶玮）. "The Songwriter Liu Yung: Part I." *Harvard Journal of Asiatic Studies* 41.2(1981):323-376.

[33] Hightower, James R（海陶玮）. "The Songwriter Liu Yung: Part II." *Harvard Journal of Asiatic Studies* 42.1(1982):5-66.

[34] Hung Ming-shui（洪铭水）. "Yuan Hung-tao and the Late Ming Literary and Intellectual Movement,"Ph.D. diss., University of Wisconsin at Madison,1974.

[35] Kao, Yu-kung（高友工）. "Aesthetic Consequences of the Formal qualities of 'Tz'u'." Paper presented at the"Conference on Tz'u Poetry",York: Maine,1990.

[36] Kao, Yu-kung（高友工）. "The Aesthetics of Regulated Verse," in *The Vitality of the Lyric Voice: Shih Poetry from the Late Han to the T'ang*, edited by Shuen-fu Lin and Stephen Owen,356-361. Princeton: Princeton University Press,1986.

[37] Kao, Yu-kung（高友工）. "Chinese Lyric Aesthetics." In *Words and Images*, edited by Alfreda Murck and Wen C. Fong,47-90. Princeton: Princeton University Press,1991.

[38] Kao, Yu-kung（高友工）and Mei Tsu-lin. "Meaning, Metaphor, and Allusion in T'ang Poetry." *Harvard Journal of Asiatic Studies* 38 (1971):281-355.

[39] Kao, Yu-kung（高友工）and Mei Tsu-lin. "Syntax, Diction, and Imagery in T'ang Poetry." *Harvard Journal of Asiatic Studies* 31 (1971):49-136.

[40] Layton, Lynne and Schapiro, Barbara Ann, eds. *Narcissism and the Text: Studies in Literature and the Psychology of Self*. New York: New York University Press,1986.

[41] Lin, Shuen-fu（林顺夫）. "The Formation of a Distinct Generic Identity for Tz'u", in *Voices of the Song Lyric in China*, edited by Pauline Yu（余宝琳）,3-39. Berkeley: University of California Press,1994.

[42] Lin, Shuen-fu（林顺夫）. "Intrinsic Music in the Medieval Chinese Lyric." In *The Lyrical Arts: A Humanities Symposium*, edited by Erling B. Holtsmark and Judith P. Alkin,29-54. Iowa City,1987.

[43] Lin, Shuen-fu（林顺夫）. "Space-Logic in the Longer Song Lyrics of the Southern Sung: Reading Wu Wen-ying's *Ying-t'i-hsu*." In *Journal of Sung-Yuan Studies* 25(1995):169-91.

[44] Lin, Shuen-fu（林顺夫）. *The Transformation of the Chinese Lyrical Tradition: Chiang K'uei and Southern Sung Tz'u Poetry*, Princeton: Princeton University Press,1978.

[45] Lin, Shuen-fu（林顺夫）. and Owen, Stephen（宇文所安）, eds. *The Vitality of the Lyric Voice: Shih Poetry from the Late Han to the T'ang*. Princeton: Princeton University Press,1986.

[46] Liu, James J, Y（刘若愚）. *The Chinese Knight-Errant*. Chicago: The University of Chicago Press,1967.

[47] Liu, James J, Y（刘若愚）. *Chinese Theories of Literature*, Chicago: The University of Chicago Press,1975.

[48] Liu, James J, Y（刘若愚）. *The Interlingual Critic: Interpreting Chinese Poetry*, Bloomington: Indiana University Press,1982.

[49] Liu, James J, Y（刘若愚）. *Major Lyricists of the Northern Sung*. Princeton: Princeton University Press,1974.

[50] Liu, James T.C（刘若愚）. *China Turning Inward: Intellectual-Political Changes in the Early Twelfth Century*, Harvard East Asian Monographs, No.132. Cambridge: Council on East Asian Studies, Harvard

University,1988.
[51] Liu, James T.C（刘若愚）. and Golas, Peter J., eds. *Changes in Sung China: Innovation or Renovation*? Lexington: D.C. Health and Company,1969.
[52] Liu, Wu-chi（柳无忌）and Lo, Irving, eds., *Sunflower Splendor: Three Thousand Years of Chinese Poetry*. Bloomington: Indiana University Press,1975.
[53] Lo, Irving Yu-cheng（罗郁正）. *Hsin Ch'i-chi*, New York: Twayne Publishers,1971.
[54] Lo, Irving Yu-cheng（罗郁正）. "Hsin Ch'i-chi:Thirty Lyrics by a Poet's Poet." In *K'uei Hsing: A Repository of Asian Literature in Translation*, edited by Liu Wu-chi（柳无忌）etal.21-64. Bloomington: Indiana University Press,1974.
[55] Malmqvist, Goran（马悦然）. "On the Lyrical Poetry of Shin Chihjyi(Hsin Ch'i-chi)(1140-1207)." *The Museum of Far Eastern Antiquities* 46 (1974):29-64.
[56] Mather, Richard B（马瑞志）.trans, Shih-shuo Hsin-yu: *A New Account of Tales of the World*, Minneapolis: University of Minnesota Press,1976.
[57] Munro, Donald J（孟旦）. *Images of Human Nature, A Sung Portrait*. Princeton: Princeton University Prss,1988.
[58] Munro, Donald J（孟旦）ed. *Individualism and Holism: Studies in Confucian and Taoist Values*, Ann Arbor: Center for Chinese Studies, the University of Michigan,1985.
[59] Munro, Donald J（孟旦）. *The Concept of Man in Early China*, Stanford: Stanford University Press,1969.
[60] Newton, K. M. *Interpreting the Text: A Critical Introduction to the Theory and Practice of Literary Interpretation*. Hertfordshire: Harvester Wheatsheaf,1990.
[61] Owen, Stephen（宇文所安）. *The Great Age of Chinese Poetry: The High T'ang*. New Haven and London: Yale University Press,1981.

[62] Owen, Stephen（宇文所安）. "Meaning the Words: The Genuine as a Value in the Tradition of the Song Lyric," In *Voices of the Song Lyric in China*, edited by Pauline Yu（余宝琳）,30-69. Berkeley: University of California Press, 1994.

[63] Owen, Stephen（宇文所安）. "Poetry and Its Historical Ground." *Chinese Literature: Essays, Articles, Reviews*. 12(1990):107-118.

[64] Owen, Stephen（宇文所安）. *The Poetry of the Early T'ang*, New Haven and London: Yale University Press, 1977.

[65] Owen, Stephen（宇文所安）. *Reading in Chinese Literary Thought*, Harvard-Yenching Institute Monograph Series, No.30. Cambridge and London: Council on East Asian Studies, Harvard University,1992.

[66] Owen, Stephen（宇文所安）. *Traditional Chinese Poetry and Poetics: Omen of the World*. Madison: University of Wisconsin Press,1985.

[67] Owen, Stephen（宇文所安）. "Transparencies: Reading the T'ang Lyric." *Harvard Journal of Asiatic Studies* 39.2(1979):232-251.

[68] Pollard, David（卜立德）. "Ch'i in *Chinese Literary Theory.*" In *Chinese Approaches to Literature from Confucius to Liang Ch'i-ch'ao*, edited by Adele Austin Rickett,43-66. Princeton: Princeton University Press,1978.

[69] Porkert, Manfred. *The Theoretical Foundations of Chinese Medicine: Systems of Correspondence*. Cambridge: The MIT Press,1974.

[70] Rickett, W. Allyn（李克）. *Guanzi: Political, Economic, and Philosophical Essays from Early China*. 3 Vols. Princeton: Princeton University Press,1985.

[71] Saussy, Haun（苏源熙）. *The Problem of a Chinese Aesthetic*. Stanford: Stanford University Press,1993.

[72] Schneider, Laurence A (施耐德). *A Madman of Ch'u: The Chinese Myth of Loyalty and Dissent*, Berkeley: University of California Press,1980.

[73] Silverman, Kaja. *The Subject of Semiotics*. New York: Oxford University Press,1983.

[74] Soong, Stephen C.(宋淇), ed. *Song Without Music: Chinese Tz'u Poetry.* Hong Kong: The Chinese University Press,1980.

[75] Taylor, Charles. *Sources of the Self: The Making of the Modern Identity.* Cambridge: Harvard University Press,1989.

[76] Tillman, Hoyt Cleveland (田浩). *Utilitarian Confucianism: Ch'en Liang's Challenge to Chu His.* Harvard East Asian Monographs, No.101. Cambridge: Council on East Asian Studies, Harvard University,1982.

[77] Tu, Wei-ming (杜维明). *Humanity and Self-cultivation: Essays in Confucian Thought.* Berkeley: Asian Humanities Press,1979.

[78] Van Zoeren, Steven (范佐伦). *Poetry and Personality: Reading, Exegesis, and Hermeneutics in Traditional China.* Stanford: Stanford University Press,1991.

[79] Wagner, Marsha L (魏玛莎). *The Lotus Boat—The Origins of Chinese Tz'u Poetry in Tang Popular Culture.* New York: Columbia University Press,1984.

[80] Waley, Arthur (亚瑟·韦利). Trans. *The Analects of Confucius*, New York: Vantage Books,1989.

[81] Wang, John Ching-yu (王靖宇). *Chin Sheng-t'an.* New York: Twayne Publishers,1972.

[82] Watson, Burton (华兹生), trans. *The Complete Works of Chuang Tzu.* New York: Columbia University Press,1968.

[83] Watson, Burton (华兹生), trans. "The Biography of General Li Kuang",In *Anthology of Chinese Literature: From Early times to the Fourteenth Century*, edited by Cyril Birch, New York: Grove Weidenfeld, 1965.

[84] Wilhelm, Hellmut (魏德明). "A Note on Ch'en Liang's Tz'u." *Asiatische Studien* 25(1971):76-84.

[85] Williams, Ralph G. "I shall Be Spoken: Textual Boundaries, Authors, and Intent." In *Palimpsest: Editorial Theory in the Humanities*, edited by George Bornstein and Ralph G. Williams,45-66. Ann Arbor: University of

Michigan Press,1993.

[86] Wu, Fusheng (吴伏生). *The Poetics of Decadence: Chinese Poetry of the Southern Dynasties and Late Tang Periods*. Albany: State University of New York Press,1998.

[87] Yates, Robin D. S (叶山). *Washing Silk: The Life and Selected Poetry of Wei Chuang (834?-910)*. Harvard-Yenching Institute Monograph Series, No. 26. Cambridge: Council on East Asian Studies, Harvard University,1988.

[88] Yoshikawa,Kojiro (吉川幸次郎). *An introduction to Sung Poetry*. Translated by Burton Waston (华兹生), Harvard-Yenching Institute Monograph Series, No. 17.Cambridge: Harvard University Press,1967.

[89] Yu, Pauline (余宝琳). *The Reading of Imagery in the Chinese Poetic Tradition*. Princeton: Princeton University Press,1987.

[90] Yu, Pauline (余宝琳)., ed. *Voices of the Song Lyric in China*, Berkeley: University of California Press,1994.

[91] Zhang Longxi (张隆溪). *The Tao and the Logos: Literary Hermeneutics, East and West*, Durham: Duke University Press,1992.

索引关键词

A
哀帝
爱国
安史之乱

B
《跋香泉读书记》
白居易
《白雨斋词话》
班固
霸气
《邶风·燕燕》
北宗
本体之呈现
边塞诗
变
变风
邴原
兵气
伯牙
Bryant, Daniel（白润德）
不着一字，尽得风流

《补阙李君前集序》

C
蔡义江
蔡国黄
蔡钟翔
曹操
曹丕
层次结构
层进结构
成复旺
伧气
常国武
苌弘
Chang, Kang-i Sun（孙康宜）
长调
《长门赋》
晁补之
陈师道
陈廷焯
陈子昂
程千帆

沉郁
赤
赤子之心
愁赋
Chow, Tse-tsung（周策纵）
楚
《楚辞》
《春怨》
词
  作为柔情的表达工具；情的解放；基本结构单元；元明清词学批评；词与律诗文体形式特征的不同之处；声誉；词与诗的分工；雅词；豪放与婉约模式；起源；复雅；阁；浙西词派
词概
词论
词话
《词话丛编》
《刺客列传》
词心
词源
村气

D
《答杜叔高》
《答李翊书》
大成
《大风歌》

戴冠卿
《大鹏赋》
大宛
De Bary, William Theodore（狄百瑞）
邓广铭
《登幽州台歌》
登高
点
《典论·论文》
颠气
雕
《吊屈原》
杜甫
《读律肤说》
《独坐敬亭山》

E
Egan, Ronald C.（艾朗诺）
《二十四诗品》

F
法家
反动其心
范玼
范摅
翻案
放
《放歌集》
风流

《枫桥夜泊》
Fong, Grace（方秀洁）
腐气
妇气
赋情
《复堂词话》
复雅
复雅歌词

G
高妙
公安派
弓刀游侠
工夫
公孙度
公西华
顾恺之
贯
广信书院
《关雎》
《管子》
犷气
郭晋稀
郭绍虞
郭子仪
《过云庐画论》
骨气
古文
《管子·心术上》

H
韩世忠
韩侂胄
韩信
韩愈
杭文兵
《汉书》
《汉书·龚胜传》
含蓄
豪
豪放
豪气
豪侠
郝经
Hartman, Charles（蔡涵墨）
浩然之气
何乔
贺贻孙
《和张仆射塞下曲》
Hegel, Robert E.（何谷理）
横放杰出
《合奇序》
《后山诗话》
胡适
胡寅
胡云翼
《淮南子》
《淮南子·览冥训》
桓温

黄保真
黄蓼园
黄宗羲
惠施
《蕙风词话》
慧黠之气
Hung Ming-shui（洪铭水）
浑厚
浑化

J
嵇康
嵇绍
笳
贾谊
建安七子
姜夔
《江湖载酒集》
匠气
接舆
《介存斋论词杂著》
节度使
《结客少年场行》
汲古阁
金昌绪
金圣叹
精
荆轲
经解

境界
精气
《锦瑟》
《晋书》
祭统

K
看
抗
Kao, Yu-kong（高友工）
孔凡礼
孔融
孔颖达
孔子
寇效信
狂
狂歌
况周颐
魁磊

L
《老学庵笔记》
老子
《老子》
乐而不淫
理
李白
李德裕
李广

李光弼
李陵
李清照
《离骚》
《离骚经章句》
李商隐
礼义
李泽厚
李贽
敛
梁启超
梁肃
《凉州曲》
《蓼园词评》
《列子》
《礼记》
Lin, Shuen-fu（林顺夫）
灵
灵帝
凌汝亨
灵机
领字
刘安
刘邦
刘备
刘辰翁
刘大杰
刘过
Liu, James J. Y.（刘若愚）

刘克庄
刘劭
刘悦
刘文典
Liu, Wu-chi（柳无忌）
刘勰
刘修明
刘熙载
刘义庆
柳永
刘裕
刘朝谦
刘桢
《六丑》
Lo, Irving Yu-cheng（罗郁正）
龙榆生
露才扬己
陆机
陆侃如、冯沅君
卢纶
陆游
卢照邻
《论语》
《论词随笔》
《论语章句集注》
罗忼烈
《洛阳伽蓝记》
《庐山谣》
律诗

M

马兴荣
《马雪航诗序》
毛泽东
《毛传》
Mather, Richard B.（马瑞志）
枚乘
孟二冬
《孟子》
《孟子·公孙丑上》
孟子
缪钺
敏泽
明堂位
《名人画图语录》
名士之雅
名士气
牟宗三
Munro, Donald（孟旦）

N

《南史》
《南陵别儿童入京》
《南园唱和诗序》
内
内业
内游
《能改斋漫录》
拟古

O

欧阳修
Owen, Stephen（宇文所安）

P

裴頠
《品藻》
Pollard, David（卜立德）

Q

启
气
齐
奇
乾
钱谦益
秦观
秦寰明
秦始皇
情
清空
清丽舒徐
情性
情欲
穷通
齐气
奇气
奇士
气势

求	沈祥龙
气象	沈义父
趣	声色
去声	生气
屈原	盛
《劝学》	盛气
	神韵
R	《诗》
冉有	《诗大序》
《人间词话》	《诗经》
人民性	诗言志
人物志	施议对
容止	诗缘情
儒家	诗者，志之所之也
阮籍	《诗筏》
	石崇
S	实词语法
《三国志》	《史记》
三绝	《史记·高祖本纪》
骚雅	《史记·淮阴侯列传》
Schneider, Laurence（施耐德）	《史记·李将军列传》
山涛	市气
《上李邕》	士气
《上吏部裴侍郎启》	诗圣
《尚书》	时时掉书袋
《韶》	《世说新语》
韶乐	《诗渊》
沈德潜	《书概》
沈开生	衰气

舜
《说诗晬语》
司空图
司马迁
司马昱
松年
《宋四家词选目录序论》
宋玉
《宋史》
苏辙
苏轼
  与辛弃疾；作为豪放词人；以诗为词；作品：《念奴娇》《水龙吟》
苏武
《随园诗话》
孙权

T
汰侈
太露
太宗
谭献
唐圭璋
唐满先
汤显祖
唐志契
《唐多令》
陶渊明
陶写之具

《题刘叔安感秋八首》
天地之心
《桯史》
《停云》
体性
《同诸公登慈恩寺塔》
童心
童心说
鲷阳居士
托字

V
Van Zoeren, Steven（范佐伦）

W
外
外道
Waley, Arthur（亚瑟·韦利）
万云骏
王安石
王勃
王忱
王概
王国维
王翰
Wang, John Ching-yu（王靖宇）
王恺
王启兴
王戎

王士禛
王叔岷
王羲之
王延梯
王逸
王沂孙
王展翘
王昭君
王道
望夫
婉约
《为常州独孤使君祭李员外文》
卫军英
魏征
温柔敦厚
文胜质
文赋
《文心雕龙》
《文章论》
《武》
武王
武帝纪
吴雷发
吴世昌
吴文英
吴熊和
吴曾
吴则虞
妩媚

武乐

X

夏承焘
夏侯玄
《向芗林酒边集后序》
湘潭
《贤人失志》
萧何
小令
谢章铤
辛更儒
辛弃疾
　　《与姜夔》；与李白；与气；与屈原；词的标准；与《世说新语》；与苏轼；作为豪放词人；不可模仿；朱彝尊的批评；辛词作品的编辑；爱国主义词人的标签；用典；朱熹
　　辛弃疾批评：古近代；二十世纪前期；二十世纪五六十年代
　　作品：《卜算子》《丑奴儿》《定风波》《读书》《汉宫春》《贺新郎1》《贺新郎2》《贺新郎3》《贺新郎4》《贺新郎5》《贺新郎6》《江神子1》《江神子2》《浪淘沙》《兰陵王》《满江红1》《满江红2》《满庭芳》《美芹十论》《摸鱼儿》《木兰花慢》《南歌子》《南乡子》《念奴娇》《破阵

子》《菩萨蛮》《清平乐》《沁园春 1》
《沁园春 2》《沁园春 3》《瑞鹤仙》
《水调歌头》《水龙吟》《送别湖南
部曲》《西江月 1》《西江月 2》《西
江月 3》《一枝花》《永遇乐》《鹧鸪
天 1》《鹧鸪天 2》
《新唐书》
新文化运动
心统性情
形
性
性灵
形气
性情
匈奴
虚词语法
徐复观
徐干
《序丘毛伯稿》
《叙陈正甫会心集》
《叙小修诗序》
《续诗品》
《学画浅说》
《荀子》

Y
雅
言
晏几道

晏殊
燕策
杨衒之
《尧典》
雅乐
《夜泊牛渚怀古》
Yeh Chia-ying（叶嘉莹）
野气
逸
以诗为词
衣冠伟人
益稷
殷浩
应劭
英雄
英雄之气
英雄气
逸气
《颐园论画》
咏怀诗
用心处
Yoshikawa, Kojiro（吉川幸次郎）
《幽明录》
游侠
禹
庾敳
余冠英
Yu, Pauline（余宝琳）
俞平伯

《虞书》	Zhang, Longxi（张隆溪）
《与吴质书》	张融
郁贤皓	章学诚
庾信	张炎
《与元九书》	张綖
元琛	《战国策》
元帝	赵伯陶
袁宏道	赵维江
袁枚	赵翼
袁行霈	真
袁中道	真好色
袁宗道	真性情
岳飞	真怨诽
岳珂	郑
《乐府雅词》	正
乐府指迷	正声
《云韶集》	正宗
《云溪友议》	真气
	真气奇气
Z	浙西
《再答李少鹤书》	之
泽	志怪
曾晳	稚气
曾慥	滞气
曾枣庄	知音
詹安泰	钟铭钧
张亨	钟文
张继	中声
张连第	周邦彦

周济	郑骞
周瑜	竹林七贤
朱熹	《朱子语类》
朱彝尊	子路
朱自清	子期
庄子	自然灵气
作品：《列御寇》《秋水》《齐物论》《人间世》《山木》《缮性》《天运》《外物》《逍遥游》	祖保泉
	《左传》
	作家气

译后记

本书是英语世界最早研究辛弃疾词的专著。英文名为 The Wild and Arrogant: Expression of Self in Xin Qiji's Song Lyrics，以连心达先生完成于 1995 年的博士论文为基础，1999 年由 Peter Lang 出版社正式出版，成为该社"亚洲思想与文化"系列论著的一种。因此，阅读本书的一大意义即体验近三十年前北美汉学对辛弃疾的新探索，而关于本书的价值自然也应置于彼时彼地的学术坐标中进行评估。

当然，我并没有打算在这里做严谨的评估，而是想说，在此书之前，辛弃疾的英文研究专著仅有 1971 年罗郁正（Irving Y. C. Lo）的《辛弃疾》（Hsin Ch'i-chi., New York: Twayne Publishers），是对辛弃疾的一般性介绍以及部分作品的翻译。本书则通过大量的文本细读对辛弃疾的词作进行系统而深入的研究，不仅呈现了辛弃疾词的书写特征，更揭示了其表达的自我，阐释了生命力与传统和趋势之间的冲突与张力。正如林顺夫（Shuen-fu Lin）的推荐语，该著"为辛弃疾词和中国古典诗学的更普遍议题带来了有益的见解"。据我所知，至今海外关于辛弃疾的研究专著仍然稀缺，而本书虽有研究的未尽之处，无疑是该领域颇为独特且相当重要的一部。

　　阅读本书的另一意义，可能也是广大读者更关心的，即通过直观地阅读，能从这本书获得怎样的感受和启发。这里我想稍微分享一下自己的体验。

　　作者拨开文本的重重迷雾，将辛弃疾的自我，及其独特人格一一展现，以这种方式还原一个鲜活的辛弃疾。他如此狂傲，以自我中心的视角践踏某些人们习以为常的陈规，但他的炽烈与坦诚又无法令人抗拒。读者看到辛弃疾更丰富的面相，真切触摸他的独特自我，从而感到振奋。这其实是对词心的重新关注与揭示，回到从文到人的研究本义。

　　作者以熟练而精到的文本细读，有效构建了一个纯粹、绵密而自足的阐释空间。无须借助太多文本以外的手段，从文本到文本，却又穿梭于时空，沟通原本属于不同时空、不同序列的相关文本。通过这种沟通，作者让我们看到了辛弃疾与庄子、陶渊明、杜甫等诸多古人的对话，与自己的对话，以及他如何让古人来见自己。更令我感到惊奇的是，作者源自西方韵律观念的结构体认与中国传统的韵律分析竟能殊途同归，得出相似的结论。这或许说明，文本细读可以拉近不同读者之间的距离。

　　或得益于作者的思想史学术背景，本书对许多习焉不察的概念追根溯源，进行了纵横捭阖的阐释，例如对"豪放""气""志""情"等范畴的从头追索与精彩论述，发人深省，也拓展了辛词研究的视域。

　　由于作者连心达先生是华人，又在北美求学、工作多年，能够自如地游弋于中英文语境，语言风格也是本书的一个特色。作者的语言极有气势，或要言不烦，或一泻千里，跌宕不拘。这也是我在翻译中试图能有所体现的。

幸运的是，本书的翻译得到连心达先生的悉心指正，不仅令我受益良多，也惠及本书的读者，因为有作者的把关，译著至少不会太过走形。在此向连先生谨致谢忱。由于译者能力所限，译文仍有不尽人意之处，还请读者批评。

本书另一位译者是我的就职于密歇根大学的好友朱晓烨，我们跨越时差完成这次合作。晓烨为我查找相关的文献资料，而我译完初稿，便逐章交她审阅。感谢她抽出宝贵的业余时间进行助力，往来邮件和她细致的批注构成了我们难忘的共同记忆。

感谢本书执行主编陈斐老师的信任，将此项重要的工作交付我。翻译工作的展开得到他的大力支持和指引，在此过程中也感受到他深切的学术情怀。感谢华文出版社吴文娟主任为本书所做的诸多工作，还有刘萍萍责编为本书的辛勤付出。

11月24日下午，就在我对本书做最后的校对时传来叶嘉莹先生辞世的消息，对着扉页我沉默良久。随即收到连心达先生的邮件，他表达了震惊与沉痛。这套译丛应是叶嘉莹先生生前主持的最后一个项目，很遗憾本书未能及时送呈先生，但我和先生的缘分也通过这本书得以保存。感谢叶嘉莹先生对本书的促成，并在本书留下深深的印记——除了出任本书的主编，还出现在本书的多处引述中。

刘 学

2024年12月5日